Uber das Geistersehn und was damit zusammenhängt

Arthur Schopenhauer

Impressum

Autor: Arthur Schopenhauer
Umschlagkonzept: toepferschumann, Berlin

Verlag: tradition GmbH, Hamburg
ISBN: 978-3-8424-1362-7
Printed in Germany

Tucholsky Wagner Zola Scott Sydow Freud Schlegel
Turgenev Fonatne
Wallace Twain Walther von der Vogelweide Fouqué FriedrichII. von Preußen
Weber Freiligrath Frey
Fechner Kant Ernst
Fichte Weiße Rose von Fallersleben Richthofen Frommel
Engels Fielding Hölderlin
Fehrs Faber Flaubert Eichendorff Tacitus Dumas
Eliasberg Ebner Eschenbach
Feuerbach Maximilian I. von Habsburg Fock Eliot Zweig
Ewald Vergil
Goethe Elisabeth von Österreich London
Mendelssohn Balzac Shakespeare
Lichtenberg Rathenau Dostojewski Ganghofer
Trackl Stevenson Doyle Gjellerup
Mommsen Tolstoi Hambruch
Thoma Lenz Hanrieder Droste-Hülshoff
Dach Verne von Arnim Hägele Hauff Humboldt
Reuter Hagen Hauptmann
Karrillon Garschin Rousseau Gautier
Damaschke Defoe Hebbel Baudelaire
Descartes
Wolfram von Eschenbach Dickens Schopenhauer Hegel Kussmaul Herder
Bronner Darwin Melville Grimm Jerome Rilke George
Campe Horváth Aristoteles Bebel Proust
Bismarck Vigny Barlach Voltaire Federer Herodot
Gengenbach Heine
Storm Casanova Tersteegen Grillparzer Georgy
Chamberlain Lessing Langbein Gilm
Brentano Lafontaine Gryphius
Strachwitz Claudius Schiller Kralik Iffland Sokrates
Katharina II. von Rußland Bellamy Schilling
Gerstäcker Raabe Gibbon Tschechow
Löns Hesse Hoffmann Gogol Wilde Vulpius
Luther Heym Hofmannsthal Morgenstern Gleim
Roth Heyse Klopstock Klee Hölty Goedicke
Luxemburg Puschkin Homer Kleist
La Roche Horaz Mörike Musil
Machiavelli
Navarra Aurel Musset Kierkegaard Kraft Kraus
Nestroy Marie de France Lamprecht Kind Kirchhoff Hugo Moltke
Nietzsche Nansen Laotse Ipsen Liebknecht
Marx Ringelnatz
von Ossietzky Lassalle Gorki Klett Leibniz
May vom Stein Lawrence Irving
Petalozzi
Platon Knigge
Sachs Poe Pückler Michelangelo Kafka
Liebermann Kock
de Sade Praetorius Mistral Zetkin Korolenko

Der Verlag tradition aus Hamburg veröffentlicht in der Reihe **TRADITION CLASSICS** Werke aus mehr als zwei Jahrtausenden. Diese waren zu einem Großteil vergriffen oder nur noch antiquarisch erhältlich.

Symbolfigur für **TRADITION CLASSICS** ist Johannes Gutenberg (1400 — 1468), der Erfinder des Buchdrucks mit Metalllettern und der Druckerpresse.

Mit der Buchreihe **TRADITION CLASSICS** verfolgt tradition das Ziel, tausende Klassiker der Weltliteratur verschiedener Sprachen wieder als gedruckte Bücher aufzulegen – und das weltweit!

Die Buchreihe dient zur Bewahrung der Literatur und Förderung der Kultur. Sie trägt so dazu bei, dass viele tausend Werke nicht in Vergessenheit geraten.

Arthur Schopenhauer

Über das Geistersehn und was damit zusammenhängt

Vorwort.

Die Abhandlung Schopenhauer's "Versuch über das Geistersehn und was damit zusammenhängt", welche aus dem ersten Bande der "Parega und Paralipomena" hier in handlicher Separatausgabe geboten wird, ist, obwol vor mehr als vierzig Jahren geschrieben, in der Klarheit der Darstellung dieses dunkeln Gegenstandes noch immer unerreicht und durch das was seitdem, zum Theil auf Schopenhauer's Anregung, von Seiten der Philosophie darin geleistet worden, nicht überholt.

Das Originalmanuscript dieser Abhandlung, dermalen im Besitze des Stadraths Beck in Frankfurt a. M., der dasselbe aus Schopenhauer's Hand zum Andenken empfangen, zeigt neben vielen Spuren sorgfältiger stilistischer Feilung, welche alle Handschriften Schopenhauer's kennzeichnen, daß er keine Mühe gescheut hat, das ebenso umfangreiche wie im Werthe ungleiche Material, welches damals bereits für sein Thema aufgehäuft war, während der Ausarbeitung der Abhandlung zu sichten und nutzbar zu machen.

Wilhelm Gwinner.

Und laß dir rathen, habe
Die Sonne nicht zu lieb und nicht die Sterne.
Komm, folge mir ins dunkle Reich hinab!
Goethe.

Über das Geistersehn

Die in dem superklugen, verflossenen Jahrhundert, allen früheren zum Trotz, überall nicht sowohl gebannten, als doch geächteten Gespenster sind, wie schon vorher die Magie, während dieser letzen 25 Jahre, in Deutschland rehabilitirt worden. Vielleicht nicht mit Unrecht. Denn die Beweise gegen die Existenz waren theils metaphysische, die, als solche, auf unsicherm Grunde standen; theils empirische, die doch nur bewiesen, daß, in den Fällen, wo keine zufällige, oder absichtlich veranstaltete Täuschung aufgedeckt worden war, auch nichts vorhanden gewesen sei, was, mittelst Reflexion der Lichtstrahlen, auf die Retina, oder mittelst Vibration der Luft, auf das Tympanum hätte wirken können. Dies spricht jedoch bloß gegen die Anwesenheit von Körpern, deren Gegenwart aber auch niemand behauptet hätte, ja deren Kundgebung auf die besagte physische Weise, die Wahrheit einer Geistererscheinung aufheben würde. Denn eigentlich liegt schon im Begriff eines Geistes, daß seine Gegenwart uns auf ganz anderm Wege kund wird, als die eines Körpers. Was ein Geisterseher, der sich selbst recht verstände und auszudrücken wüßte, behaupten würde, ist bloß die Anwesenheit eines Bildes in seinem anschauenden Intellekt, vollkommen ununterscheidbar von dem, welches, unter Vermittlung des Lichtes und seiner Augen, daselbst von Körpern veranlaßt wird, und dennoch ohne wirkliche Gegenwart solcher Körper; desgleichen, in Hinsicht auf das hörbar Gegenwärtige, Geräusche, Töne und Laute, ganz und gar gleich den durch vibrirende Körper und Luft in seinem Ohr hervorgebrachten, doch ohne die Anwesenheit oder Bewegung solcher Körper. Eben hier liegt die Quelle des Mißverständnisses, welches alles für und wider die Realität der Geistererscheinungen Gesagte durchzieht. Nämlich die Geisterscheinung stellt sich dar, völlig wie eine Körpererscheinung: sie ist jedoch keine, und soll es auch nicht seyn. Diese Unterscheidung ist schwer und verlangt Sachkenntniß, ja philosophisches und physiologisches Wissen. Denn es kommt darauf an, zu begreifen, daß eine Einwirkung gleich der von einem Körper nicht nothwendig die Anwesenheit eines Körpers voraussetze.

Vor Allem daher müssen wir uns hier zurückrufen und bei allem Folgenden gegenwärtig erhalten, was ich öfter ausführlich dargethan habe (besonders in meiner Abhandlung über den Satz vom zureichenden Grunde §. 21, und außerdem "über das Sehn und die Farben" §. 1. - Theoria colorum, II. - Welt als Wille und Vorstellung Bd. 1. §. 4. - Bd. 2. Kap. 2. -), daß nämlich unsere Anschauung der Außenwelt nicht bloß sensual, sondern hauptsächlich intellektual, d. h. (objektiv ausgedrückt) cerebral ist. - Die Sinne geben nie mehr, als eine bloße Empfindung in ihrem Organ, also einen an sich höchst dürftigen Stoff, aus welchem allererst der Verstand durch Anwendung des ihm a priori bewußten Gesetzes der Kausalität, und der eben so a priori ihm einwohnenden Formen, Raum und Zeit, diese Körperwelt aufbaut. Die Erregung zu diesem Anschauungsakte geht, im wachen und normalen Zustande, allerdings von der Sinnesempfindung aus, indem diese die Wirkung ist, zu welcher der Verstand die Ursache setzt. Warum aber sollte es nicht möglich seyn, daß auch ein Mal eine von einer ganz andern Seite, also von innen, vom Organismus selbst ausgehende Erregung zum Gehirn gelangen und von diesem, mittelst seiner eigenthümlichen Funktion und dem Mechanismus derselben gemäß, eben so wie jene verarbeitet werden könnte? nach dieser Verarbeitung aber würde die Verschiedenheit des ursprünglichen Stoffes nicht mehr zu erkennen seyn; so wie am Chylus nicht die Speise, aus der er bereitet worden. Bei einem etwanigen wirklichen Falle dieser Art würde sodann die Frage entstehen, ob auch die entferntere Ursache der dadurch hervorgebrachten Erscheinung niemals weiter zu suchen wäre, als im Innern des Organismus; oder ob sie, beim Ausschluß aller Sinnesempfindung, dennoch eine äußere seyn könne, welche dann freilich, in diesem Falle, nicht physisch oder körperlich gewirkt haben würde; und wenn Dies, welches Verhältnis die gegebene Erscheinung zur Beschaffenheit einer solchen entfernten äußeren Ursache haben könne, also ob sie Indicia über diese enthielte, ja wohl gar das Wesen derselben in ihr ausgedrückt wäre. Demnach würden wir auch hier, eben wie bei der Körperwelt, auf die Frage nach dem Verhältnis der Erscheinung zum Dinge an sich geführt werden. Dies aber ist der transscendentale Standpunkt, von welchem aus es sich vielleicht ergeben könnte, daß der Geistererscheinung nicht mehr noch weniger Idealität anhinge, als der Körpererscheinung, die ja bekanntlich unausweichbar dem Idealismus unterliegt und daher nur auf weitem Umwege auf das Ding an sich, d. h. das wahrhaft Reale, zurückgeführt werden kann. Da nun wir als dieses Ding an sich den Willen erkannt haben; so giebt dies Anlaß zu der Vermuthung, daß vielleicht ein solcher, wie den Körpererscheinungen, so auch den Geistererscheinungen zum Grunde liege. Alle bisherigen Erklärungen der Geistererscheinungen sind spiritualistische gewesen: eben als solche erleiden sie die Kritik Kants, im ersten Theile seiner "Träume eines Geistersehers". Ich versuche hier eine idealistische Erklärung. –

Nach dieser übersichtlichen und anticirpirenden Einleitung zu den jetzt folgenden Untersuchungen, nehme ich den ihnen angemessenen, langsamen Gang an. Nur bemerke ich, daß ich den Thatbestand, worauf sie sich beziehn, als dem Leser bekannt voraussetze. Denn theils ist mein Fach nicht das erzählende, also auch nicht die Darstellung von Thatsachen, sondern die Theorie zu denselben; theils müßte ich ein dickes Buch schreiben, wenn ich alle die magnetischen Krankengeschichten, Traumgesichte, Geistererscheinungen u. s. w., die unserm Thema als Stoff zu Grunde liegen und bereits in vielen Büchern erzählt sind, wiederholen wollte; endlich auch habe ich keinen Beruf den Skepticismus der Ignoranz zu bekämpfen, dessen superkluge Gebärden täglich mehr außer Kredit kommen und bald nur noch in England Cours haben werden. Wer heut zu Tage die Thatsachen des animalischen Magnetismus und seines Hellsehns bezweifelt, ist nicht ungläubig, sondern unwissend zu nennen. Aber ich muß mehr, ich muß die Bekanntschaft mit wenigstens einigen der in großer Anzahl vorhandenen Bücher über Geistererscheinungen, oder anderweitige Kunde von diesen voraussetzen. Selbst die auf solche Bücher verweisenden Citate gebe ich nur dann, wann es specielle Angaben oder streitige Punkte betrifft. Im übrigen setze ich bei meinem Leser, den ich mir als einem mich schon anderweitig kennenden denke, das Zutrauen voraus, daß wenn ich etwas als faktisch feststehend annehme, es mir aus guten Quellen, oder aus eigener Erfahrung, bekannt sei.

Zunächst nun also frägt sich, ob denn wirklich in unserm anschauenden Intellekt, oder Gehirn, anschauliche Bilder, vollkommen und ununterscheidbar gleich denen, welche daselbst die auf die äußeren Sinne wirkende Gegenwart der Körper veranlaßt, ohne diesen Einfluß entstehn können. Glücklicherweise benimmt uns hierüber eine uns sehr vertraute Erscheinung jeden Zweifel: nämlich der Traum.

Die Träume für bloßes Gedankenspiel, bloße Phantasiebilder ausgeben zu wollen, zeugt von Mangel an Besinnung, oder an Redlichkeit. denn offenbar sind sie von diesen specifisch verschieden. Phantasiebilder sind schwach, matt, unvollständig, einseitig und so flüchtig, daß man das Bild eines Abwesenden kaum einige Sekunden gegenwärtig zu erhalten vermag, und sogar das lebhafteste Spiel der Phantasie hält keinen Vergleich aus mit jener handgreiflichen Wirklichkeit, die der Traum uns vorführt. Unsere Darstellungsfähigkeit im Traum übertrifft die unserer Einbildungskraft himmelweit; jeder anschauliche Gegenstand hat im Traum eine Wahrheit, Vollendung, konsequente Allseitigkeit bis zu den zufälligsten Eigenschaften herab, wie die Wirklichkeit selbst, von der die Phantasie himmelweit entfernt bleibt; daher jene uns die wundervollsten Anblicke verschaffen würde, wenn wir nur den Gegenstand unserer Träume auswählen könnten. Es ist ganz falsch, Dies daraus erklären zu wollen, daß die Bilder der Phantasie durch den gleichzeitigen Eindruck der realen Außenwelt gestört und geschwächt würden: denn auch in der tiefsten Stille der finstersten Nacht vermag die Phantasie nichts hervorzubringen, was jener objektiven Anschaulichkeit und Leibhaftigkeit des Traumes irgend nahe käme. Zudem sind Phantasiebilder stets durch die Gedankenassociation, oder durch Motive herbeigeführt und vom Bewußtseyn ihrer Willkürlichkeit begleitet. Der Traum hingegen steht da, als ein völlig Fremdes, sich, wie die Außenwelt, ohne unser Zuthun, ja wider unsern Willen Aufdringendes. Das gänzlich Unerwartete seiner Vorgänge, selbst der unbedeutendesten, drückt ihnen den Stempel der Objektivität und Wirklichkeit auf. Alle seine Gegenstände erscheinen bestimmt und deutlich, wie die Wirklichkeit, nicht etwan bloß in Bezug auf uns, also flächenartig-einseitig, aber nur in der Hauptsache und in allgemeinen Umrissen angegeben; sondern genau ausgeführt, bis auf die kleinsten und zufälligsten Einzelheiten und die uns oft hinderlichen und im Wege stehenden Nebenumstände herab: da wirft jeder Körper seinen Schatten, jeder fällt genau mit der seinem specifischen Gewicht entsprechenden Schwere und jedes Hinderniß muß erst beseitigt werden, gerade wie in der Wirklichkeit. Das durchaus Objektive desselben zeigt sich ferner darin, daß seine Vorgänge meistens gegen unsre Erwartung, oft gegen unsern Wunsch ausfallen, sogar bisweilen unser Erstaunen erregen; daß die agirenden Personen sich mit empörender Rücksichtslosigkeit gegen uns betragen; überhaupt in der rein objektiven dramatischen Richtigkeit der Charaktere und Handlungen, welche die artige Bemerkung veranlaßt hat, daß Jeder, während er träumt, ein Shakespeare sei. Denn die selbe Allwissenheit in uns, welche macht, daß im Traum jeder natürliche Körper genau seinen wesentlichen Eigenschaften gemäß wirkt, macht auch, daß jeder Mensch in vollster Gemäßheit seines Charakters handelt und redet. In Folge alles Diesen ist die Täuschung, die der Traum erzeugt, so stark, daß die Wirklichkeit selbst, welche beim Erwachen vor uns steht, oft erst zu kämpfen hat und Zeit gebraucht, ehe sie zum Worte kommen kann, um uns von der Trüglichkeit des schon nicht mehr vorhandenen, sondern bloß dagewesenen Traumes zu überzeugen. Auch hinsichtlich der Erinnerung sind wir, bei unbedeutenden Vorgängen, bisweilen im Zweifel, ob sie geträumt oder wirklich geschehen seien: wenn hingegen Einer zweifelt ob etwas geschehn sei, oder er es sich bloß eingebildet habe; so wirft er auf sich selbst den Verdacht des Wahnsinns. Dies Alles beweist, daß der Traum eine ganz eigenthümliche Funktion unsers Gehirns und durchaus verschieden ist von der bloßen Einbildungskraft und ihrer Rumination. – Auch Aristoteles sagt: ((to enypnion estin aisthçma, tropon tina)) (somnium quodammodo sensum est): de somno et vigilia. C. 2. Auch macht er die feine und richtige Bemerkung, daß wir, im Träume selbst, uns abwesende Dinge noch durch die Phantasie vorstellen. Hieraus aber läßt sich folgern, daß, während des Traumes, die Phantasie noch disponibel, also nicht sie selbst das Medium, oder Organ, des Traumes sei.

Andererseits wieder hat der Traum eine nicht zu leugnende Aehnlichkeit mit dem Wahnsinn. Nämlich, was das träumende Bewußtseyn vom wachen hauptsächlich unterscheidet, ist der Mangel an Gedächtniß, oder vielmehr an zusammenhängender, besonnener Rückerinnerung. Wir träumen uns in wunderliche, ja unmögliche Lagen und Verhältnisse, ohne daß es uns einfiele, nach den Relationen derselben zum Abwesenden und den Ursachen ihres Eintritts zu forschen; wir vollziehen ungereimte Handlungen, weil wir des ihnen Eingegenstehenden nicht eingedenk sind. Längst Verstorbene figuriren noch immer als Lebende in unsern Träumen; weil wir im Träume uns nicht darauf besinnen, daß sie todt sind. Oft sehn wir uns wieder in den Verhältnissen, die in unsrer frühen

Jugend bestanden, von den damaligen Personen umgeben, Alles beim Alten; weil alle seitdem eingetretenen Veränderungen und Umgestaltungen vergessen sidn. Es scheint also wirklich, daß im Träume, bei der Thätigkeit aller Geisteskräfte, das Gedächtnis allein nicht recht disponibel sei. Hierauf eben beruht seine Aehnlichkeit mit dem Wahnsinn, welcher, wie ich (Welt als Wille und Vorstellung Bd. 1. §. 36 und Bd. 2 Kap. 32) gezeigt habe, im Wesentlichen auf eine gewisse Zerrüttung des Erinnerungsvermögens zurückzuführen ist. Von diesem Gesichtspunkt aus läßt sich daher der Traum als ein kurzer Wahnsinn, der Wahnsinn als ein langer Traum bezeichnen. Im Ganzen also ist im Traum die Anschauung der gegenwärtigen Realität ganz vollkommen und selbst minutiös. Hingegen ist unser Gesichtskreis daselbst ein sehr beschränkter, sofern das Abwesende und Vergangene, selbst das fingirte, nur wenig ins Bewußtseyn fällt.

Wie jede Veränderung in der realen Welt schlechterdings nur in Folge einer ihr vorhergegangenen andern, ihrer Ursache, eintreten kann; so ist auch der Eintritt aller Gedanken und Vorstellungen in unser Bewußtseyn dem Satze vom Grunde überhaupt unterworfen; daher solche jedesmal entweder durch einen äußern Eindruck auf die Sinne, oder aber, nach den Gesetzen der Association (worüber Kap. 14 im zweiten Bande der "Welt als Wille und Vorstellung") durch einen ihnen vorgängigen Gedanken hervorgerufen seyn müssen; außerdem sie nicht eintreten könnten. Diesem Satze vom Grunde, als dem ausnahmslosen Prinzip der Abhängigkeit und Bedingtheit aller irgend für uns vorhandenen Gegenstände, müssen nun auch die Träume, hinsichtlich ihres Eintritts, irgendwie unterworfen seyn: allein auf welche Weise sie ihm unterliegen, ist sehr schwer auszumachen. Den das Charakteristische des Traumes ist die ihm wesentliche Bedingung des Schlafs, d. h. der aufgehobenen normalen Thätigkeit des Gehirns und der Sinne: erst wann diese Thätigkeit feiert, kann der Traum eintreten; gerade so, wie die Bilder der Laterna magika erst erscheinen können, nachdem man die Beleuchtung des Zimmers aufgehoben hat. Demnach wird der Eintritt, mithin auch der Stoff des Traums zuvörderst nicht durch äußere Eindrücke auf die Sinne herbeigeführt: einzelne Fälle, wo, bei leichtem Schlummer, äußere Töne, auch wohl Gerüche, noch ins Sensorium gedrungen sind und Einfluß auf den Traum erlangt haben, sind specielle Ausnahmen, von denen ich hier absehe. Nun aber ist sehr beachtenswerth, daß die Träume auch nicht durch Gedankenassociation herbeigeführt werden. Denn sie entstehn entweder mitten im tiefen Schlafe, dieser eigentlichen Ruhe des Gehirns, welche wir als eine vollkommene, mithin als ganz bewußtlos anzunehmen alle Ursache haben; wonach hier sogar die Möglichkeit der Gedankenassociation wegfällt: oder aber sie entstehn beim Uebergang aus dem wachen Bewußtseyn in den Schlaf, also beim Einschlafen: sogar bleiben sie hiebei nie ganz aus und geben eben dadurch uns Gelegenheit, die volle Ueberzeugung zu gewinnen, daß sie durch keine Gedankenassociation mit den wachen Vorstellungen verknüpft sind, sondern den Faden dieser unberührt lassen, um ihren Stoff und Anlaß ganz wo anders, wir wissen nicht woher, zu nehmen. Diese ersten Traumbilder des Einschlafenden nämlich sind, was sich leicht beobachten läßt, stets ohne irgend einigen Zusammenhang mit den Gedanken, unter denen er eingeschlafen ist, ja, sie sind diesen so auffallend heterogen, daß es aussieht, als hätten sie absichtlich unter allen Dingen auf der Welt gerade Das ausgewählt, woran wir am wenigsten gedacht haben; daher dem darüber Nachdenkenden sich die Frage aufdrängt, wodurch wohl die Wahl und Beschaffenheit derselben bestimmt werden möge? Sie haben überdies (wie Burdach im 3. Bande seiner Physiologie fein und richtig bemerkt) das Unterscheidende, daß sie keine zusammenhängende Begebenheit darstellen und wir auch meistentheils nicht selbst als handelnd darin auftreten, wie in den andern Träumen; sondern sie sind ein rein objektives Schauspiel, bestehend aus vereinzelten Bildern, die beim Einschlafen plötzlich aufsteigen, oder auch sehr einfache Vorgänge. Da wir oft sogleich wieder darüber erwachen, können wir uns vollkommen überzeugen, daß sie mit den noch augenblicklich vorher dagewesenen Gedanken niemals die mindeste Aehnlichkeit, die entfernteste Analogie, oder sonstige Beziehung zu ihnen haben, vielmehr uns durch das ganz Unerwartete ihres Inhalts überraschen, als welcher unserm vorherigen Gedankengange eben so fremd ist, wie irgend ein Gegenstand der Wirklichkeit, der, im wachen Zustande, auf die zufälligste Weise, plötzlich in unsere Wahrnehmung tritt, ja, der oft so weit hergeholt, so wunderlich und blind ausgewählt ist, als wäre er durch Loos oder Würfel bestimmt worden. – Der Faden also, den der Satz vom Grunde uns in die Hand giebt, scheint uns hier an beiden Enden, dem innern und dem äußern abgeschnitten zu seyn. Allein das ist nicht möglich, nicht denkbar. Nothwenig muß irgend eine Ursache vorhanden seyn, welche jene Traumgestalten herbeiführt und sie durchgängig bestimmt, so daß aus ihr sich müßte genau erklären lassen, warum z. B. mir, den bis zum Augenblick des Einschlummerns ganz andere Gedanken beschäftigten, jetzt plötzlich ein blühender, vom Winde leise bewegter, Baum, und nichts Anderes sich darstellt, ein ander Mal aber eine Magd, mit einem Korbe auf dem Kopf, wieder ein ander Mal eine Reihe Soldaten, u. s. f.

Da nun also bei der Entstehung der Träume, sei es unter dem Einschlafen, oder im bereits eingetretenen Schlaf, dem Gehirne, diesem alleinigen Sitz und Organ aller Vorstellungen, sowohl die Erregung von außen, durch die Sinne, als die von innen, durch die Gedanken abgeschnitten ist, so bleibt uns keine andere Annahme übrig, als daß dasselbe irgend eine rein physiologische Erregung dazu, aus dem Inneren des Organismus, erhalte. Dem Einflusse dieses sind zum Gehirne zwei Wege offen: der der Nerven und der der Gefäße. Die Lebenskraft hat während des Schlafes, d. h. des Einstellens aller animalischen Funktionen, sich gänzlich auf das organische Leben geworfen, und ist daselbst, unter einiger Verringerung des Athems, des Pulses, der Wärme, auch fast aller Sekretionen, hauptsächlich mit der langsamen Reproduktion, der Herstellung alles Verbrauchten, der Heilung alles Verletzten und der Beseitigung aller eingerissenen Unordnungen, beschäftigt; daher der Schlaf die Zeit ist, während welcher die vis naturae medicatrix, in allen Krankheiten, die heilsamen Krisen herbeiführt, in welchen sie alsdann den entscheidenden Sieg über das vorhandene Uebel erkämpft, und wonach daher der Kranke, mit dem sicheren Gefühl der herankommenden Genesung, erleichtert und freudig erwacht. Aber auch bei dem Gesunden wirkt sie das Selbe, nur in ungleich geringerem Grade, an allen Punkten, wo es nöthig ist; daher auch er beim Erwachen das Gefühl der Herstellung und Erneuerung hat: besonders hat im Schlafe das Gehirn seine, im Wachen nicht ausführbare, Nutrition erhalten; wovon die hergestellte Klarheit des Bewußtseyns die Folge ist. Alle diese Operationen stehn unter der Leitung und Kontrole des plastischen Nervensystems, also der sämmtlichen großen Ganglien, oder Nervenknoten, welche, in der ganzen Länge des Rumpfs, durch leitende Nervenstränge mit einander verbunden, den großen sympathischen Nerven oder den innern Nervenheerd, ausmachen. Dieser ist vom äußern Nervenheerde, dem Gehirn, als welches ausschließlich der Leitung der äußeren Verhältnisse obliegt und deshalb einen nach außen gerichteten Nervenapparat und durch ihn veranlaßte Vorstellungen hat, ganz gesondert und isolirt; so daß, im normalen Zustande, seine Operationen nicht ins Bewußtseyn gelangen, nicht empfunden werden. Inzwischen hat derselbe doch einen mittelbaren und schwachen Zusammenhang mit dem Cerebralsystem, durch dünne und fernher anastomosirende Nerven: auf dem Wege derselben wird, bei abnormen Zuständen, oder gar Verletzung der innern Theile, jene Isolation in gewissem Grade durchbrochen, wonach solche, dumpfer oder deutlicher, als Schmerz ins Bewußtseyn eindringen. Hingegen im normalen und gesunden Zustande gelangt, auf diesem Wege, von den Vorgängen und Bewegungen in der so komplicirten und thätigen Werkstätte des organischen Lebens, von dem leichtern, oder erschwerten Fortgange desselben, nur ein äußerst schwacher, verlorener Nachhall ins Sensorium: dieser wird im Wachen, wo das Gehirn an seinen eigenen Operationen, also am Empfangen äußerer Eindrücke, am Anschauen, auf deren Anlaß, und am Denken, volle Beschäftigung hat, gar nicht wahrgenommen; sondern hat höchstens einen geheimen und unbewußten Einfluß, aus welchem diejenigen Aenderungen der Stimmung entstehn, von denen keine Rechenschaft aus objektiven Gründen sich geben läßt. Beim Einschlafen jedoch, als wo die äußern Eindrücke zu wirken aufhören und auch die Regsamkeit der Gedanken, im Innern des Sensoriums, allmälig erstirbt, da werden jene schwachen Eindrücke, die aus dem innern Nervenheerde des organischen Lebens, auf mittelbarem Wege, heraufdringen, imgleichen jede geringe Modifikation des Blutumlaufs, da sie sich den Gefäßen des Gehirns mittheilt, fühlbar, – wie die Kerze zu scheinen anfängt, wann die Abenddämmerung eintritt; oder wie wir bei Nacht die Quelle rieseln hören, die der Lerm des Tages unvernehmbar machte. Eindrücke, die viel zu schwach sind, als daß sie auf das wache, d. h. thätige, Gehirn wirken könnten, vermögen, wann seine eigenen Thätigkeit ganz eingestellt wird, eine leise Erregung seiner einzelnen Theile und ihrer vorstellenden Kräfte hervorzubringen; – wie die Harfe von einem fremden Tone nicht widerklingt, während sie selbst gespielt wird, wohl aber, wenn sie still dahängt. Hier also muß die

Ursache der Entstehung und, mittelst ihrer, auch die durchgängige nähere Bestimmung jener beim Einschlafen aufsteigenden Traumgestalten liegen, und nicht weniger die der, aus der absoluten mentalen Ruhe des tiefen Schlafes sich erhebenden, dramatischen Zusammenhang habenden Träume; nur daß zu diesen, da sie eintreten, wann das Gehirn schon in tiefer Ruhe und gänzlich seiner Nutrition hingegeben ist, eine bedeutend stärkere Anregung von innen erfordert seyn muß; daher eben es auch nur diese Träume sind, welche in einzelnen, sehr seltenen Fällen, prophetische oder fatidike Bedeutung haben, und Horaz ganz richtig sagt:

post mediam noctem, cum somnia vera.

Denn die letzten Morgenträume verhalten sich, in dieser Hinsicht, denen beim Einschlafen gleich, sofern das ausgeruhte und gesättigte Gehirn wieder leicht erregbar ist.

Also jene schwachen Nachhälle aus der Werkstätte des organischen Lebens sind es, welche in die, der Apathie entgegensinkende, oder ihr bereits hingegebene, sensorielle Thätigkeit des Gehirns dringen und sie schwach, zudem auf einem ungewöhnlichen Wege und von einer andern Seite, als im Wachen, erregen: aus ihnen jedoch muß dieselbe, da allen andern Anregungen der Zugang gesperrt ist, den Anlaß und Stoff zu ihren Traumgestalten nehmen, so heterogen diese auch solchen Eindrücken seyn mögen. Denn, wie das Auge, durch mechanische Erschütterung oder durch innere Nervenkonvulsion, Empfindungen von Helle und Leuchten erhalten kann, die den durch äußeres Licht verursachten völlig gleich sind; wie bisweilen das Ohr, in Folge abnormer Vorgänge in seinem Innern, Töne jeder Art hört; wie eben so der Geruchsnerv ohne alle äußere Ursache ganz specifisch bestimmte Gerüche empfindet; wie auch die Geschmacksnerven auf analoge Art affizirt werden; wie also alle Sinnesnerven sowohl von innen, als von außen, zu ihren eigenthümlichen Empfindungen erregt werden können; auf gleiche Weiße kann auch das Gehirn durch Reize, die aus dem Innern des Organismus kommen, bestimmt werden, seine Funktion der Anschauung raumerfüllender Gestalten zu vollziehn; wo denn die so entstandenen Erscheinungen gar nicht zu unterscheiden seyn werden von den durch Empfindungen in den Sinnesorganen veranlaßten, welche durch äußere Ursachen hervorgerufen wurden. Wie nämlich der Magen aus Allem, was er bewältigen kann, Chymus und die Gedärme aus diesem Chylus bereiten, dem man seinen Urstoff nicht ansieht; eben so reagirt auch das Gehirn, auf alle zu ihm gelangende Erregungen, mittelst Vollziehung der ihm eigenthümlichen Funktion. Diese besteht zunächst im Entwerfen von Bildern im Raum, als welcher seine Anschauungsform ist, nach allen drei Dimensionen; sodann im Bewegen derselben in der Zeit und am Leitfaden der Kausalität, als welche ebenfalls die Funktionen seiner ihm eigenthümlichen Tätigkeit sind. Denn allezeit wird es nur seine eigene Sprache reden: in dieser daher interpretirt es auch jene schwachen, während des Schlafs, von innen zu ihm gelangenden Eindrücke; eben wie die starken und bestimmten, im Wachen, auf dem regelmäßigen Wege, von außen kommenden: auch jene also geben ihm Stoff zu Bildern, welche denen auf Anregung der äußern Sinne entsehenden vollkommen gleichen; obschon zwischen den beiden Arten von veranlassenden Eindrücken kaum irgend eine Aehnlichkeit seyn mag. Aber sein Verhalten hiebei läßt sich mit dem eines Tauben vergleichen, der aus einigen in sein Ohr gelangten Vokalen, sich eine ganze, wiewohl falsche, Phrase zusammensetzt; oder wohl gar mit dem eines Verrückten, den ein zufällig gebrauchtes Wort auf wilde, seiner fixen Idee entsprechende Phantasien bringt. Jedenfalls sind es jene schwachen Nachhälle gewisser Vorgänge im Innern des Organismus, welche, bis zum Gehirn hinauf sich verlierend, den Anlaß zu seinen Träumen abgeben: diese werden daher auch durch die Art jener Eindrücke specieller bestimmt, indem sie wenigstens das Stichwort von ihnen erhalten haben; ja, sie werden, so gänzlich verschieden von jenen sie auch seyn mögen, doch ihnen irgendwie analogisch, oder wenigstens symbolisch entsprechen, und zwar am genauesten denen, die während des tiefen Schlafes das Gehirn zu erregen vermögen; weil solche, wie gesagt, schon bedeutend stärker seyn müssen. Da nun ferner diese innern Vorgänge des organischen Lebens auf das zur Auffassung der Außenwelt bestimmte Sensorium ebenfalls nach Art eines ihm Fremden und Aeußeren einwirken; so werden die auf solchen Anlaß in ihm entstehenden Anschauungen ganz unerwartete und seinem etwas kurz zuvor noch dagewesenen Gedankengange völlig heterogene und fremde Gestalten seyn; wie wir Dieses, beim Einschlafen und baldigem Wiedererwachen aus demselben, zu beobachten Gelegenheit haben.

Diese ganze Auseinandersetzung lehrt uns vor der Hand weiter nichts kennen, als die nächste Ursache des Eintritts des Traumes, odor die Veranlassung desselben, welche zwar auch auf seinen Inhalt Einfluß haben, jedoch an sich selbst diesem so selu heterogon seyn muß, daß die Art ihrer Verwandtschaft uns ein Geheimnis bleibt. Noch räthselhafter ist der physiologische Vorgang im Gehirn selbst, darin eigentlich das Träumen besteht. Der Schlaf nämlich ist die Ruhe des Gehirns, der Traum dennoch eine gewisse Thätigkeit desselben: sonach müssen wir, damit kein Widerspruch entstehe, jene für eine nur relative und diese füreine irgendwie limitirte und nur partielle erklären. In welchem Sinne nun sie dieses sei, ob den Theilen des Gehirns, oder dem Grad seiner Erregung, oder der Art seiner innern Bewegung nach, und wodurch eigentlich sie sich vom wachen Zustande unterscheide, wissen wir wieder nicht. – Es giebt keine Geisteskraft, die sich im Träume nie thätig erwiese: dennoch zeigt der Verlauf desselben wie auch unser eigenes Benehmen darin, oft außerordentlichen Mangel an Urteilskraft, imgleichen, wie schon oben erörtert, an Gedächtniß.

Hinsichtlich auf unsern Hauptgegenstand bleibt die Thatsache stehn, daß wir ein Vermögen haben zur anschaulichen Vorstellung raumerfüllender Gegenstände und zum Vernehmen und Verstehen von Tönen und Stimmen jeder Art, Beides ohne die äußere Anregung der Sinnesempfindungen, welche hingegen zu unsrer wachen Anschauung die Veranlassung, den Stoff, oder die empirische Grundlage, liefern, mit derselben jedoch darum keineswegs identisch sind; da solche durchaus intellektual ist und nicht bloß sensual; wie ich dies öfter dargethan und bereits oben die betreffenden Hauptquellen angeführt habe. Jene, keinem Zweifel unterworfene Thatsache nun aber haben wir fest zu halten: denn sie ist das Urphänomen, auf welches alle unsere ferneren Erklärungen zurückweisen, in dem sie nur die sich noch weiter erstreckende Thätigkeit des bezeichneten Vermögens darthun werden. Zur Benennung desselben wäre der bezeichnendeste Ausdruck der, welchen die Schotten für eine besondere Art seiner Aeußerung oder Anwendung sehr sinnig gewählt haben, geleitet von dem richtigen Takt, die die eigenste Erfahrung verleiht: er heißt: second sight, das zweite Gesicht. Denn die hier erörterte Fähigkeit zu träumen ist in der That ein zweites, nämlich nicht, wie das erste, durch die äußeren

Sinne vermitteltes Anschauungsvermögen, dessen Gegenstände jedoch, der Art und Form nach dieselben sind, wie die des ersten; woraus zu schließen, daß es, eben wie dieses eine Funktion des Gehirns ist. Jene Schottische Benennung würde daher die passendeste seyn, um die ganze Gattung der hierher gehörigen Phänomene zu bezeichnen und sie auf ein Grund-Vermögen zurückzuführen: da jedoch die Erfinder derselben sie zur Bezeichnung einer besonderen seltenen und höchst merkwürdigen Aeußerung jenes Vermögens verwendet haben; so darf ich nicht, so gern ich es auch möchte, sie gebrauchen, die ganze Gattung jener Anschauungen, oder genauer, das subjektive Vermögen, welches sich in ihnen allen kund giebt, zu bezeichnen. Für dieses bleibt mir daher keine passende Benennung, als die des Traumorgans, als welche die ganze in Rede stehende Anschauungsweise durch diejenige Aeußerung derselben bezeichnet, die Jedem bekannt und geläufig ist. Ich werde mich also derselben zur Bezeichnung des dargelegten, vom äußern Eindruck auf die Sinne unabhängigen Anschauungsvermögens bedienen.

Die Gegenstände, welche dasselbe im gewöhnlichen Träume uns vorführt, sind wir gewohnt als ganz illusorisch zu betrachten; da sie beim Erwachen verschwinden. Inzwischen ist Diesem doch noch allemal so, und es ist, in Hinsicht auf unser Thema, sehr wichtig, die Ausnahme hievon aus eigener Erfahrung kennen zu lernen, was vielleicht Jeder könnte, wenn er die gehörige Aufmerksamkeit auf die Sache verwendete. Es giebt nämlich einen Zustand, in welchem wir zwar schlafen und träumen; jedoch eben nur die uns umgebende Wirklichkeit selbst träumen. Demnach sehn wir alsdann unser Schlafgemach, mit Allem, was darin ist, werden auch etwan eintretende Menschen gewahr, wissen uns selbst im Bett, Alles richtig und genau. Und doch schlafen wir, mit fest geschlossenen Augen: wir träumen; nur ist was wir träumen wahr und wirklich. Es ist nicht anders, als ob alsdann unser Schädel durchsichtig geworden wäre, so daß die Außenwelt nunmehr, statt durch den Umweg und die enge Pforte der Sinne geradezu und unmittelbar ins Gehirn käme. Dieser Zustand ist vom wachen viel schwerer zu unterscheiden, als der gewöhnliche Traum; weil beim Erwachen daraus keine Umgestaltung der Umgebung, also gar keine objektive Veränderung, vorgeht. Nun ist aber (siehe Welt als Wille und Vorstellung

Bd. 1. §. 5) das Erwachen das alleinige Kriterium zwischen Wachen und Traum, welches demnach hier seiner objektiven und hauptsächlichen Hälfte nach, wegfällt. Nämlich beim Erwachen aus einem Traum der in Rede stehenden Art geht bloß eine subjektive Veränderung mit uns vor, welche darin besteht, daß wir plötzlich eine Umwandlung des Organs unsrer Wahrnehmung spüren: dieselbe ist jedoch nur leise fühlbar und kann, weil sie von keiner objektiven Veränderung begleitet ist, leicht unbemerkt bleiben. Dieserhalb wird die Bekanntschaft mit diesen die Wirklichkeit darstellenden Träumen meistens nur dann gemacht werden, wann sich Gestalten eingemischt haben, die derselben nicht angehören und daher beim Erwachen verschwinden, oder auch wann ein solcher Traum die noch höhere Potenzirung erhalten hat, von der ich sogleich reden wird. Die beschriebene Art des Träumens ist Das, was man Schlafwachen genannt hat; nicht etwan, weil es ein Mittelzustand zwischen Schlafen und Wachen ist, sondern weil es als ein Wachwerden im Schlafe selbst bezeichnet werden kann. Ich möchte es daher lieber ein Wahrträumen nennen. Zwar wird man es meistens nur früh Morgens, auch wohl Abends, einige Zeit nach dem Einschlafen, bemerken: dies liegt aber bloß daran, daß nur dann, wann der Schlaf nicht tief war, das Erwachen leicht genug eintrat, um eine Erinnerung an das Geträumte übrig zu lassen. Gewiß tritt dieses Träumen viel öfter während des tiefen Schlafes ein, nach der Regel, daß die Somnambule um so hellsehender wird, je tiefer sie schläft: aber dann bleibt keine Erinnerung daran zurück. Daß hingegen, wann es bei leichterem Schlafe eingetreten ist, eine solche bisweilen Statt findet, ist dadurch zu erläutern, daß selbst aus dem magnetischen Schlaf, wenn er ganz leicht war, ausnahmsweise eine Erinnerung in das wache Bewußtseyn übergehn kann; wovon ein Beispiel zu finden ist in Kiefer's "Archiv für thier. Magn." Bd. 3. H. 2. S. 139. Diesem also gemäß bleibt die Erinnerung solcher unmittelbar objektiv wahren Träume nur dann, wann sie in einem leichten Schlaf, z. B. des Morgens, eingetreten sind, wo wir unmittelbar daraus erwachen können.

Diese Art des Traumes nun ferner, deren Eigenthümliches darin besteht, daß man die nächste gegenwärtige Wirklichkeit träumt, erhält bisweilen eine Steigerung ihres räthselhaften Wesens dadurch, daß der Gesichtskreis des Träumenden sich noch etwas erweitert, nämlich so, daß er über das Schlafgemach hinausreicht, – indem die Fenstervorhänge, oder Läden aufhören Hindernisse des Sehns zu seyn, und man dann ganz deutlich das hinter ihnen Liegende, den Hof, den Garten, oder die Straße, mit den Häusern gegenüber, wahrnimmt. Unsere Verwunderung hierüber wird sich mindern, wenn wir bedenken, daß hier kein physisches Sehn Statt findet, sondern ein bloßes Träumen: jedoch ist es ein Träumen Dessen, was jetzt wirklich da ist, folglich ein Wahrträumen, also ein Wahrnehmen durch das Traumorgan, welches als solches natürlich nicht an die Bedingung des ununterbrochenen Durchgangs der Lichtstrahlen gebunden ist. Die Schädeldecke selbst war, wie gesagt, die erste Scheidewand, durch welche zunächst diese sonderbare Art der Wahrnehmung ungehindert blieb: steigert nun diese sich noch etwas höher; so setzen auch Vorhänge, Thüren und Mauern ihr keine Schranken mehr. Wie nun aber Dies zugehen, ist ein tiefes Geheimnis: wir wissen nichts weiter, als daß hier wahr geträumt wird, mithin eine Wahrnehmung durch das Traumorgan Statt findet. So weit geht diese für unsere Betrachtung elementare Thatsache. Was wir zu ihrer Aufklärung, insofern sie möglich seyn mag, thun können, besteht zunächst im Zusammenstellen und gehörigem stufenweisen Ordnen aller sich an sie knüpfenden Phänomene, in der Absicht, ihren Zusammenhang unter einander zu erkennen, und in der Hoffnung, dadurch vielleicht auch in sie selbst dereinst eine nähere Einsicht zu erlangen.

Inzwischen wird auch Dem, welchem alle eigene Erfahrung hierin abgeht, die geschilderte Wahrnehmung durch das Traumorgan unumstößlich beglaubigt durch den spontanen, eigentlichen Somnambulismus, oder das Nachtwandeln. Daß die von dieser Sucht Befallenen fest schlafen, und daß sie mit den Augen schlechterdings nicht sehen können, ist völlig gewiß: dennoch nehmen sie in ihrer nächsten Umgebung Alles wahr, vermeiden jedes Hinderniß, gehen weite Wege, klettern an den gefährlichsten Abgründen hin, auf den schmalsten Stegen, vollführen weite Sprünge, ohne ihr Ziel zu verfehlen: auch verrichten Einige unter ihnen ihre täglichen, häuslichen Geschäfte im Schlaf, genau und richtig, Andere konzipiren und schreiben ohne Fehler. Auf dieselbe Weise nehmen auch die künstlich in magnetischen Schlaft versetzten Somnambulen ihre Umgebung wahr und, wenn sie hellsehend werden, selbst das Entfernteste. Ferner ist auch die Wahrnehmung, welche gewisse Scheintodte von Allem, was um sie vorgeht haben, während sie starr und unfähig ein Glied zu rühren daliegen, ohne Zweifel, eben dieser Art: auch sie träumen ihre gegenwärtige Umgebung, bringen also die selbe, auf einem andern Wege, als dem der Sinne, sich zum Bewußtseyn. Man hat sich sehr bemüht, dem physiologischen Organ, oder dem Sitz dieser Wahrnehmung, auf die Spur zu kommen: doch ist es damit bisher nicht gelungen. Daß, wann der somnambule Zustand vollkommen vorhanden ist, die äußern Sinne ihre Funktionen gänzlich eingestellt haben, ist unwidersprechlich; da selbst der subjektivste unter ihnen, das körperliche Gefühl, so gänzlich verschwunden ist, daß man die schmerzlichsten chirurgischen Operationen während des magnetischen Schlafs vollzogen hat, ohne daß der Patient irgend eine Empfindung davon verrathen hätte. Das Gehirn scheint dabei im Zustande des allertiefsten Schlafs, also gänzlicher Unthätigkeit zu seyn. Dieses, nebst gewissen Aeußerungen und Aussagen der Somnambulen, hat die Hypothese veranlaßt, der somnambule Zustand bestehe im gänzlichen Depotenzieren des Gehirns und Ansammeln der Lebenskraft im sympathischen Nerven, dessen größere Geflechte, namentlich der plexus solaris, jetzt zu einem Sensorio umgeschaffen würden und also, vikarirend, die Funktion des Gehirns übernähmen, welche sie nun ohne Hülfe äußerer Sinneswerkzeuge und dennoch ungleich vollkommener, als dieses, ausübten. Diese, ich glaube zuerst von Reil aufgestellte Hypothese ist nicht ohne Scheinbarkeit und seht seitdem in großem Ansehen. Ihre Hauptstütze bleiben die Aussagen fast aller hellsehenden Somnambulen, daß jetzt ihr Bewußtseyn seinen Sitz gänzlich auf der Herzgrube habe, woselbst ihr Denken und Wahrnehmen vor sich gehe, wie sonst im Kopf. Auch lassen die Meisten unter ihnen die Gegenstände, die sie genau besehn wollen, sich auf die Magengegend legen. Dennoch halte ich die Sache für unmöglich. Man betrachte nur das Sonnengeflecht, dieses sogenannte cerebrum abdominale: wie so gar klein ist seine Masse, und wie höchst einfach seine aus Ringen von Nervensubstanz, nebst einigen leichten Anschwellungen bestehende Struktur! Wenn ein solches Organ die Funktionen des Anschauens und Denkens zu vollziehn fähig wäre; so würde das sonst überall bestätigte Gesetz natura nihil facit frustra umgestoßen seyn, Denn wozu wäre dann noch die meistens 3 und bei einzelnen 5 Pfund wiegende, so kostbare, wie wohlverwahrte Masse des Gehirns, mit der so überaus künstlichen Struktur seiner Theile, deren Komplikation so intrikat ist, daß es mehrerer ganz verschiedener Zerlegungsweisen und häufiger Wiederholungen derselben bedarf, um nur den Zusammenhang der Konstruktion dieses Organs einigermaaßen zu verstehn und sich ein erträglich deutliches Bild von der wundersamen Gestalt und Verknüpfung seiner vielen Theile machen zu können. Zweitens ist zu erwägen, daß die Schritte und Bewegungen eines Nachtwandlers sich mit der größten Schnelle und Genauigkeit den von ihm nur durch das Traumorgan wahrgenommenen nächsten Umgebung anpassen, so daß er, auf das Behendeste und wie es kein Wacher könnte, jedem Hinderniß augenblicklich ausweicht, wie auch, mit derselben Geschicklichkeit, seinem einstweiligen Ziele zueilt. Nun aber entspringen die motorischen Nerven aus dem Rückenmark, welches, durch die medulla oblongata, mit dem kleinen Gehirn, dem Regulator der Bewegungen, diese aber wieder mit dem großen Gehirne, dem Ort der Motive, welches die Vorstellungen sind, zusammenhängt; wodurch es dann möglich wird, daß die Bewegungen mit augenblicklicher Schnelle, sich sogar den flüchtigsten Wahrnehmungen anpassen. Wenn nun aber die Vorstellungen, welche als Motive die Bewegungen zu bestimmen haben, in das Bauchgangliengeflecht verlegt wären, dem nur auf Umwegen ein schwierige, schwache und mittelbare Kommunikation mit dem Gehirne möglich ist (daher wir im gesunden Zustande vom ganzen, so stark und rastlos thätigen Treiben und Schaffen unsers organischen Lebens gar nichts spüren); wie sollten die daselbst entstehenden Vorstellungen, und zwar mit Blitzesschnelle, die gefahrvollen Schritte des Nachtwandlers lenken?*) – Daß übrigens, beiläufig gesagt, der Nachtwandler ohne Fehl und ohne Furcht die gefährlichsten Wege durchläuft, wie er es wachend nimmermehr könnte, ist daraus erklärlich, daß sein Intellekt nicht ganz und schlechthin, sondern nur einseitig, nämlich nur soweit thätig ist, als es die Lenkung seiner Schritte erfordert; wodurch die Reflexion, mit ihr aber alles Zaudern und Schwanken, eliminirt ist. – Endlich giebt uns darüber, daß wenigstens die Träume eine Funktion des Gehirns sind, folgende von Treviranus (über die Erscheinungen des organischen Lebens, Bd. 2 Abth. 2. S. 117), nach Pierquin angeführte Thatsache sogar faktische Gewißheit: "Bei einem Mädchen, dessen Schädelknochen durch Knochenfraß zum Theil so zerstört waren, daß das Gehirn ganz entblößt lag, quoll dieses beim Erwachen hervor und sank beim Einschlafen. Während des ruhigen Schlafs war die Senkung am stärksten. Bei lebhaften Träumen fand Turgor darin Statt." Vom Traum ist aber der Somnambulismus offenbar nur dem Grade nach verschieden: auch seine Wahrnehmungen geschehn durch das Traumorgan: er ist, wie gesagt, ein unmittelbares Wahrträumen*)

Man könnte indessen die hier bestrittene Hypothese dahin modifiziren, daß das Bauchgangliengeflecht nicht selbst das Sensorium würde, sondern nur die Rolle der äußern Werkzeuge desselben, also der hier ebenfalls gänzlich depotenzirten Sinnesorgane übernähme, mithin Eindrücke von außen empfienge, die es dem Gehirn überlieferte, welches solche seiner Funktion gemäß bearbeitend nun daraus die Gestalten der Außenwelt eben so schematisirte und aufbaute, wie sonst aus den Empfindungen in den Sinnesorganen. Allein auch hier wiederholt sich die Schwierigkeit der blitzschnellen Ueberlieferung der Eindrücke an das von diesem innern Nervencentro so entschieden isolirte Gehirn. Sodann ist das Sonnengeflecht, seiner Struktur nach, zum Sehe- und Hörorgan eben so ungeeignet, wie zum Denkorgan, überdies auch durch eine dicke Scheidewand aus Haut, Fett, Muskeln, Peritonäum und Eingeweiden vom Eindrucke des Lichts gänzlich abgesperrt. Wenn also auch die meisten Somnambulen (imgleichen v. Helmont, in der von Mehreren angeführten Stelle Ortus medicinae, Lugd. Bat. 1667. demens idea §. 12, p. 171) aussagen, ihr Schauen und Denken gehe in der Magengegend vor sich; so dürfen wir dies doch nicht sofort als objektiv gültig annehmen; um so weniger, als einige Somnambulen es ausdrücklich leugnen: z. B. die bekannte Auguste Müller in Karlsruhe giebt (in dem Bericht über sie S. 53 fg.) an, daß sie nicht mit der Herzgrube, sondern mit den Augen sähe, sagt jedoch, daß sie meisten andern Somnambulen mit der Herzgrube sähen; und auf die Frage: "kann auch die Denkkraft in die Herzgrube verpflanzt werden?" antwortet sie: "nein, aber sie Seh- und Hörkraft." Diesem entspricht die Aussage einer andern Somnambule, in Kiefers Archiv Bd. 10. H. 2, S. 154, welche auf die Frage: "denkst du mit dem ganzen Gehirn, oder nur mit einem Theil desselben?" antwortet: "mit dem ganzen, und ich werde sehr müde." Das wahre Ergebniß aus allen Somnambulen-Aussagen scheint zu seyn, daß die Anregung und der Stoff zu anschauenden Thätigkeit ihres Gehirns, nicht, wie im Wachen, von außen und durch die Sinne, sondern, wie oben bei den Träumen auseinandergesetzt worden, aus dem Innern des Organismus kommt, dessen Vorstand und Lenker bekanntlich die großen Geflechte des sympathischen Nerven sind, welche daher, in Hinsicht auf die Nerventhätigkeit, den ganzen Organismus, mit Ausnahme des Cerebrasystems, vertreten und repräsentiren.

Jene Aussagen sind damit zu vergleichen, daß wir den Schmerz im Fuße zu empfinden vermeinen, den wir doch wirklich nur im Gehirne empfinden, daher er, sobald die Nervenleitung zu diesem unterbrochen ist, wegfällt. Es ist daher Täuschung, wenn die Somnambulen mit der Magengegend zu sehn, ja, zu lesen wähnen, oder, in seltenen Fällen, sogar mit den Fingern, Zehen, oder der Nasenspitze, diese Funktion zu vollziehn behaupten (z. B. der Knabe Arst in Kiefers Archiv Bd. 3, Heft 2, ferner die Somnambule Koch, ebendas. Bd. 10, H. 3, S. 8 &endash; 21, auch das Mädchen in Just. Kerner's "Geschichte zweier Somnambulen," 1824, S. 323-30, welches aber hinzufügt: "der Ort dieses Sehns sei das Gehirn, wie im wachen Zustande"). Denn, wenn wir auch die Nervensensibilität solcher Theile noch so hoch gesteigert uns denken wollen; so bleibt ein Sehn im eigentlichen Sinne, d. h. durch Vermittlung der Lichtstrahlen, in Organen, die jedes optischen Apparats entbehren, selbst wenn sie nicht, wie doch der Fall ist, mit dicken Hüllen bedeckt, sondern dem Lichte zugänglich wären, durchaus unmöglich. Es ist ja nicht bloß die hohe Sensibilität der Retina, welche sie zum Sehn befähigt, sondern eben so sehr der überaus künstliche und komplicirte optische Apparat im Augapfel. Das physische Sehn erfordert nämlich zwar zunächst eine für das Licht sensible Fläche, dann aber auch, daß auf dieser, mittelst der Pupille und der lichtbrechenden, unendlich künstlich kombinirten durchsichtigen Medien, die draußen aus einander gefahrenen Lichtstrahlen sich wieder sammeln und koncentriren, so daß ein Bild, – richtiger, ein dem äußern Gegenstand genau entsprechender Nerven-Eindruck, – entstehe, als wodurch allein dem Verstande die subtilen Data geliefert werden, aus denen er sodann durch einen intellektuellen, das Kausalitätsgesetz anwendenden Proceß, die Anschauung in Raum und Zeit hervorbringt. Hingegen Magengruben und Fingerspitzen könnten, selbst wenn Haut, Muskeln u. s. w. durchsichtig wären, immer nur vereinzelte Lichtreflexe erhalten; daher mit ihnen zu sehn so unmöglich ist, wie ein Daguerrotyp in einer offenen Kamera obskura ohne Sammelglas zu machen. Einen ferneren Beweis, daß diese angeblichen Sinnesfunktionen paradoxer Theile, es nicht eigentlich sind, und daß hier nicht, mittelst physischer Einwirkung der Lichtstrahlen gesehn wird, giebt der Umstand, daß der erwähnte Knabe Kiefer's mit den Zehen las, auch wann er dicke wollene Strümpfe anhatte, und mit den Fingerspitzen nur dann sah, wann er es ausdrücklich wollte, übrigens in der Stube, mit den Händen voraus, herumtappte: Dasselbe bestätigt seine eigene Aussage über diese abnormen Wahrnehmungen (a. a. D. S. 128): "er nannte dies nie Sehen, sondern auf die Frage, wie er denn wisse, was da vorgehe, antwortete er, er wisse es eben, das sei ja das Neue." Eben so beschreibt, in Kiefers Archiv Bd. 7, H. 1, S. 52, eine Somnambule ihre Wahrnehmung als "ein Sehn, das kein Sehn ist, ein unmittelbares Sehn." In der "Geschichte der hellsehenden Auguste Müller", Stuttgart 1818, wird S. 36 berichtet: "sie sieht vollkommen hell und erkennt alle Personen und Gegenstände in der dichtesten Finsterniß, wo es uns unmöglich wäre, die Hand vor den Augen zu unterscheiden." Das Selbe belegt, hinsichtlich des Hörens der Somnambulen, Kiefers Aussage (Tellurismus, Bd. 2, S. 172, erste Aufl.), daß wollene Schüre vorzüglich gute Leiter des Schalls seien, – während Wolle bekanntlich der allerschlechteste Schalleiter ist. Besonders belehrend aber ist, über diesen Punkt, folgende Stelle aus dem eben erwähnten Buch über die Auguste Müller: "Merkwürdig ist, was jedoch auch bei andern Somnambulen beobachtet wird, daß sie von Allem, was unter Personen im Zimmer, selbst dicht neben ihr, gesprochen wird, wenn die Rede nicht unmittelbar an sie gerichtet ist, durchaus nichts hört; jedes, auch noch so leise, an sie gerichtete Wort hingegen, selbst wenn mehrere Personen bunt durcheinander sprechen, bestimmt versteht und beantwortet. Auf dieselbe Art verhält es sich mit dem Vorlesen: wenn die ihr vorlesende Person an etwas Anderes, als an die Lektüre denkt, so wird sie von ihr nicht gehört," S. 40. – Ferner heißt es, S. 89: "Ihr Hören ist kein Hören auf dem gewöhnlichen Wege durch das Ohr: denn man kann dieses fest zudrücken, ohne daß es ihr Hören hindert." – Desgleichen wird in den Mittheilungen aus dem Schlafleben der Somnambule Auguste K. in Dresden," 1843, wiederholentlich angeführt, daß sie zu Zeiten ganz allein durch die Handfläche, und zwar das lautlose, durch bloße Bewegung der Lippen Gesprochene, hörte: S. 32

warnt sie selbst, daß man dies nicht für ein Hören im wörtlichen Sinne halten solle.

Demnach ist, bei Somnambulen jeder Art, durchaus nicht von sinnlichen Wahrnehmungen im eigentlichen Verstande des Wortes die Rede; sondern ihr Wahrnehmen ist ein unmittelbares Wahrträumen, geschieht also durch das so räthselhafte Traumorgan. Daß die wahrzunehmenden Gegenstände an ihre Stirn, oder auf ihre Magengrube gelegt wurden, oder daß, in den erwähnten einzelnen Fällen, die Somnambule ihre ausgespreitzten Fingerspitzen auf dieselben richtet, ihr bloß ein Mittel, das Traumorgan auf diese Gegenstände, durch den Kontakt mit ihnen hinzulenken, damit sie das Thema seines Wahrträumens werden, also geschieht bloß, um ihre Aufmerksamkeit entschieden darauf hinzulenken, oder, in der Kunstsprache, sie mit diesen Objekten in näheren Rapport zu setzen, worauf sie eben diese Objekte träumt, und zwar nicht bloß ihre Sichtbarkeit, sondern auch das Hörbare, die Sprache, ja auch den Geruch derselben: denn viele Hellsehende sagen aus, daß alle ihre Sinne auf die Magengrube versetzt sind. (Dupotet traité complet du Magnetisme, p. 449-452.) Es ist folglich dem Gebrauche der Hände beim Magnetisiren analog, als welche nicht eigentlich physisch einwirken; sondern der Wille des Magnetiseurs ist das Wirkende: aber eben dieser erhält durch die Anwendung der Hände seine Richtung und Entschiedenheit. Denn zum Verständniß der ganzen Einwirkung des Magnetiseurs, durch allerlei Gesten, mit und ohne Berührung, selbst aus der Ferne und durch Scheidewände, kann nur die aus meiner Philosophie geschöpfte Einsicht führen, daß der Leib mit dem Willen völlig identisch, nämlich nichts Anderes ist, als das im Gehirn entstehende Bild des Willens. Daß das Sehn der Somnambulen kein Sehn in unserem Sinn, kein durch Licht physisch vermitteltes ist, folgt schon daraus, daß es, wenn zum Hellsehn gesteigert, durch Mauern nicht verhindert wird, ja bisweilen in ferne Länder reicht. Eine besondere Erläuterung zu demselben liefert uns die bei den höhern Graden des Hellsehens eintretende Selbstanschauung nach innen, vermöge welcher solche Somnambulen alle Theile ihres eigenen Organismus deutlich und genau wahrnehmen, obgleich hier, sowohl wogegen Abwesenheit des Lichtes, als wegen der, zwischen dem angeschauten Theile und dem Gehirne liegenden vielen Scheidewände, alle Bedingungen zum physi-

schen Sehn gänzlich fehlen. Hieraus nämlich können wir abneh-
men, welcher Art alle somnambule Wahrnehmung, also auch die
nach außen und in die Ferne gerichtete, und sonach überhaupt alle
Anschauung mittelst des Traumorgans sei, mithin alles somnambule Sehen äußerer Gegenstände, auch alles Träumen, alle Visionen im
Wachen, das zweite Gesicht, die leibhafte Erscheinung Abwesender,
namentlich Sterbender u. s. w. Denn das erwähnte Schauen der
inneren Theile des eigenen Leibes entsteht offenbar nur durch eine
Einwirkung von innen, wahrscheinlich unter Vermittelung des
Gangliensystems, auf das Gehirn, welches nun, seiner Natur getreu,
diese innern Eindrücke eben so wie die ihm von außen kommenden
verarbeitet, gleichsam einen fremden Stoff in seine ihm selbst eigenen und gewohnten Formen gießend, woraus denn eben solche
Anschauungen, wie die von Eindrücken auf die äußeren Sinne her-
rührenden entstehn, welche denn auch, in eben dem Maaße und
Sinne wie jene, den angeschauten Dingen entsprechen. Demnach ist
jegliches Schauen durch das Traumorgan die Thätigkeit der anschauenden Hirnfunktion, angeregt durch innere Eindrücke, statt,
wie sonst, durch äußere.*) Daß eine solche dennoch, auch wenn sie
äußere, ja, entfernte Dinge betrifft, objektive Realität und Wahrheit
haben könne, ist eine Thatsache, deren Erklärung jedoch nur auf
metaphysischem Wege, nämlich aus der Beschränkung aller Individuation und Abtrennung auf die Erscheinung, im Gegensatz des
Dinges an sich, versucht werden könnte, und werden wir darauf
zurückkommen. Daß aber überhaupt die Verbindung der Somnambulen mit der Außenwelt eine von Grund aus andere sei, als die
unsrige im wachen Zustande, beweist am deutlichsten der, in den
höheren Graden häufig eintretende Umstand, daß, während die
eigenen Sinne der Hellseherin jedem Eindrucke unzugänglich sind,
sie mit denen des Magnetiseurs empfindet, z. B. nießt, wann er eine
Prise nimmt, schmeckt und genau bestimmt, was er ißt, und sogar
die Musik, die in einem von ihr entfernten Zimmer des Hauses vor
seinen Ohren erschallt mithört. (Kiefers Archiv Bd. 1., H. 1. S. 117.)

Der physiologische Hergang bei der somnambulen Wahrnehmung ist ein schwieriges Räthsel, zu dessen Lösung jedoch der erste
Schritt eine wirkliche Physiologie des Traumes seyn würde, d. h.
eine deutliche und sichere Erkenntniß, welcher Art die Thätigkeit
des Gehirns im Träume sei, worin eigentlich sie sich von der im

Wachen unterscheide, – endlich von wo die Anregung zu ihr mithin auch die nähere Bestimmung ihres Verlaufs, ausgehe. Nur so viel läßt sich bis jetzt, hinsichtlich der gesammten anschauenden und denkenden Thätigkeit im Schlafe mit Sicherheit annehmen: erstlich, daß das materielle Organ derselben, ungeachtet der relativen Ruhe des Gehirns, doch kein anderes, als eben dieses seyn könne, und zweitens, daß die Erregung zu solcher Traum-Anschauung, da sie nicht von aussen durch die Sinne kommen kann, vom Innern des Organismus aus geschehn müsse. Was aber die, beim Somnambulismus unverkennbare, richtige und genaue Beziehung jener Traumanschauung zur Außenwelt betrifft; so bleibt sie uns ein Räthsel, dessen Lösung ich nicht unternehme, sondern nur einige allgemeine Andeutungen darüber weiterhin geben werde. Hingegen habe ich, als Grundlage der besagten Physiologie des Traums, also zur Erklärung unsrer gesammten träumenden Anschauung, mir folgende Hypothese ausgedacht, die in meinen Augen große Wahrscheinlichkeit hat.

Da das Gehirn, während des Schlafs, seine Anregung zur Anschauung räumlicher Gestalten besagterweise von inne, statt, wie beim Wachen, von aussen erhält; so muß diese Einwirkung dasselbe in einer, der gewöhnlichen, von den Sinnen kommenden, entgegengesetzten Richtung treffen. In Folge hievon nimmt nun auch seine ganze Thätigkeit, also die innere Vibration oder Wallung seiner Fibern, eine der gewöhnlichen entgegengesetzte Richtung, geräth gleichsam in eine antiperisitaltische Bewegung. Statt daß sie nämlich sonst in der Richtung der Sinneseindrücke, also von den Sinnesnerven zum Innern des Gehirns vor sich geht, wird sie jetzt in umgekehrter Richtung und Ordnung, dadurch aber mitunter von andern Theilen, vollzogen, so daß jetzt, zwar wohl nicht die untere Gehirnfläche, statt der obern, aber vielleicht die weiße Mark-Substanz statt der grauen Kortikal-Substanz und vice versa fungiren muß. Das Gehirn arbeitet also jetzt wie umgekehrt. Hieraus wird zunächst erklärlich, warum von der somnambulen Thätigkeit keine Erinnerung ins Wachen übergeht, da dieses durch Vibration der Gehirnfibern in der entgegengesetzten Richtung bedingt ist, welche folglich von der vorher dagewesenen jede Spur aufhebt. Als eine specielle Bestätigung dieser Annahme könnte man beiläufig die sehr gewöhnliche, aber seltsame Thatsache anführen, daß, wann wir aus dem ersten Einschlafen sogleich wieder erwachen, oft eine totale räumliche Desorientirung bei uns eingetreten ist, der Art, daß wir jetzt alles umgekehrt aufzufassen, nämlich was rechts vom Bette ist links, und was hinten ist nach vorne zu imaginiren, genöthigt sind, und zwar mit solcher Entschiedenheit, daß, im Finstern, selbst die vernünftige Ueberlegung, es verhalte sich doch umgekehrt, jene falsche Imagination nicht aufzuheben vermag, sondern hiezu das Getast nöthig ist. Besonders aber läßt, durch unsere Hypothese, jene so merkwürdige Lebendigkeit der Traumanschauung, jene oben geschilderte, scheinbare Wirklichkeit und Leibhaftigkeit aller im Traume wahrgenommenen Gegenstände sich begreiflich machen, nämlich daraus, daß die aus dem Innern des Organismus kommende und vom Centro ausgehende Anregung der Gehirnthätigkeit, welche eine der gewöhnlichen Richtung entgegengesetzte befolgt, endlich ganz durchdringt, also zuletzt sich bis auf die Nerven der Sinnesorgane erstreckt, welche nunmehr von innen, wie sonst von außen, erregt, in wirkliche Thätigkeit gerathen. Demnach haben wir im Traume wirklich Licht-, Farben-, Schall-, Geruchs- und Ge-schmacks-Empfindungen, nur ohne die sonst sie erregenden äuße-ren Ursachen, bloß vermöge innerer Anregung und umgekehrter Zeitordnung. Daraus also wird jene Leibhaftigkeit der Träume er-klärlich, durch die sie sich von bloßen Phantasien so mächtig unter-scheiden. Das Phantasiebild (im Wachen) ist immer bloß im Gehirn: denn es ist nur die, wenn auch modifizierte Reminiscenz einer frühern, materiellen, durch die Sinne geschehenen Erregung der anschauenden Gehirntätigkeit. Das Traumgesicht hingegen ist nicht bloß im Gehirn, sondern auch in den Sinnesnerven, und ist entstan-den in Folge einer materiellen, gegenwärtig wirksamen, aus dem Innern kommenden und das Gehirn durchdringenden Erregung derselben. Weil wir demnach im Traume wirklich sehn, so ist über-aus treffend und fein, ja tief gedacht, was Aulejus die Charite sagen läßt, als sie im Begriff ist, dem schlafenden Thrasyllus beide Augen auszustechen: vivo tibi morientur ocali, nec quidquam videbis, nisi dormiens (Metam. VIII, p. 172, ed. Bip.) Das Traumorgan ist also das selbe mit dem Organ des wachen Bewußtseyns und Anschau-ens der Außenwelt, nur gleichsam vom andern Ende angefaßt und in umgekehrter Ordnung gebraucht, und die Sinnesnerven, welche in beiden fungiren, können sowohl von ihrem innern, als von ihrem äussern Ende aus in Thätigkeit versetzt werden; – etwan wie eine eiserne Hohlkugel sowohl von innen, als von aussen, glühend gemacht werden kann. Weil, bei diesem Hergange, die Sinnesnerven das Letzte sind, was in Thätigkeit geräth; so kann es kommen, daß diese erst angefangen hat und noch im Gange ist, wann das Gehirn bereits aufwacht, d. h. die Traumanschauung mit der gewöhnlichen vertauscht: alsdann werden wir, soeben erwacht, etwan Töne, z. B. Stimmen, Klopfen an der Thüre, Flintenschüsse u. s. w. mit einer Deutlichkeit und Objektivität, die es der Wirklichkeit vollkommen und ohne Abzug gleichthut, vernehmen und dann fest glauben, es seien Töne der Wirklichkeit, von aussen, in Folge welcher wir sogar erst erwacht wären, oder auch, was jedoch seltener ist, wir werden Gestalten sehn, mit völliger empirischer Realität; wie dieses Letztere schon Aristoteles erwähnt, de insomniis c. 3 ad finem. – Das hier beschriebene Traumorgan nun aber ist es, wodurch, wie oben genugsam auseinandergesetzt, die somnambule Anschauung, das Hellsehn, das zweite Gesicht und die Visionen jeder Art vollzogen werden. –

Von diesen physiologischen Betrachtungen kehre ich nunmehr zurück zu dem oben dargelegten Phänomen des Wahrträumens, welches schon im gewöhnlichen, nächtlichen Schlafe eintreten kann, wo es dann alsbald durch das bloße Erwachen bestätigt wird, wenn es nämlich, wie meistens, ein unmittelbares war, d. h. nur auf die gegenwärtige nächste Umgebung sich erstreckte; wiewohl es auch, in schon selteneren Fällen, ein wenig darüber hinausgeht, nämlich bis jenseits der nächsten Scheidewände. Diese Erweiterung des Gesichtskreises kann nun aber auch sehr viel weiter gehen und zwar nicht nur dem Raum, sondern sogar der Zeit nach. Den Beweis hievon geben uns die hellsehenden Somnambulen, welche in der Periode der höchsten Steigerung ihres Zustandes, jeden beliebigen Ort, auf den man sie hinlenkt, sofort in ihre anschauende Traumwahrnehmung bringen und die Vorgänge daselbst richtig angeben können, bisweilen aber sogar vermögen, das noch gar nicht Vorhandene, sondern noch im Schooße der Zukunft Liegende und erst im Laufe der Zeit, mittelst unzähliger, zufällig zusammentreffender Zwischenursachen, zur Verwirklichung Gelangende vorher zu verkündigen. Denn alles Hellsehn, sowohl im künstlich herbeigeführten, als im natürlich eingetretenen somnambulen Schlafwachen, alles in demselben möglich gewordene Wahrnehmung des

Verdeckten, des Abwesenden, des Entfernten, ja des Zukünftigen, ist durchaus nichts Anderes, als ein Wahrträumen desselben, dessen Gegenstände sich daher dem Intellekt anschaulich und leibhaftig darstellen, wie unsere Träume, weshalb die Somnambulen von einem Sehn derselben reden. Wir haben inzwischen an diesen Phänomenen, wie auch am spontanen Nachtwandeln, einen sichern Beweis, daß auch jene geheimnisvolle, durch keinen Eindruck von außen bedingte, uns durch den Traum vertraute Anschauung zur Realen Außenwelt im Verhältnis der Wahrnehmung stehn kann; obwohl der dies vermittelnde Zusammenhang mit derselben uns ein Räthsel bleibt. Was den gewöhnlichen, nächtlichen Traum vom Hellsehn, oder vom Schlafwachen überhaupt, unterscheidet, ist erstlich die Abwesenheit jenes Verhältnisses zur Außenwelt, also zur Realität; und zweitens, daß sehr oft eine Erinnerung von ihm ins Wachen übergeht, während aus dem somnambulen Schlaf eine solche nicht Statt findet. Diese beiden Eigenschaften könnten aber wohl zusammenhängen und auf einander zurückzuführen seyn. Nämlich auch der gewöhnliche Traum hinterläßt nur dann eine Erinnerung, wann wir unmittelbar aus ihm erwacht sind: dieselbe beruht also wahrscheinlich bloß darauf, daß das Erwachen aus dem natürlichen Schlafe sehr leicht erfolgt, weil er lange nicht so tief ist, wie der somnambule, als welchem eben dieserhalb ein unmittelbares, also schnelles Erwachen nicht eintreten kann, sondern erst mittelst eines langsamen und vermittelten Ueberganges die Rückkehr zum wachen Bewußtseyn gestattet ist. Der somnambule Schlaft ist nämlich nur ein ungleich tieferer, stärker eingreifender, vollkommenerer; in welchem eben deshalb das Traumorgan zur Entwicklung seiner ganzen Fähigkeit gelangt, wodurch ihm die richtige Beziehung zur Aussenwelt, also das anhaltende und zusammenhängende Wahrträumen möglich wird. Wahrscheinlich hat ein solches auch bisweilen im gewöhnlichen Schlafe Statt, aber gerade nur dann, wann er so tief ist, daß wir nicht unmittelbar aus ihm erwachen. Die Träume, aus denen wir erwachen, sind hingegen die des leichteren Schlafes: sie sind, auch im letzten Grunde, aus bloß somatischen, dem eigenen Organismus angehörigen Ursachen entsprungen, daher ohne Beziehung zur Aussenwelt. Daß es jedoch hievon Ausnahmen giebt, haben wir schon erkannt an den Träumen, welche die unmittelbare Umgebung des Schlafenden darstellten. Jedoch auch von Träumen, die das in der Ferne Geschehende, ja das Zukünftige verkünden, giebt es ausnahmsweise eine Erinnerung, und zwar hängt diese hauptsächlich davon ab, daß wir unmittelbar aus einem solchen Traum erwachen. Dieserhalb hat, zu allen Zeiten und bei allen Völkern, die Annahme gegolten, daß es Träume von realer, objektiver Bedeutung gebe, und werden in der ganzen alten Geschichte die Träume sehr ernstlich genommen, so daß sie eine bedeutende Rolle darin spielen; dennoch sind die fatidiken Träume immer nur als seltene Ausnahmen, unter der zahllosen Menge leerer, bloß täuschender Träume betrachtet worden. Demgemäß erzählt schon Homer (Od. XIX, 560) von zwei Eingangspforten der Träume, einer elfenbeinernen, durch welche die bedeutungslosen, und einer hörnernen, durch welche die fatidiken eintreten. Ein Anatom könnte vielleicht sich versucht fühlen, dies auf die weiße und graue Gehirnsubstanz zu deuten. Am öftersten bewähren sich als prophetisch solche Träume, welche sich auf den Gesundheitszustand des Träumenden beziehn, und zwar werden diese meistens Krankheiten, auch tödtliche Anfälle vorherverkünden, (Beispiele derselben hat gesammelt Fabius, de somniis, Amstelod. 1836, p. 195 sqq.); welches Dem analog ist, daß auch die hellsehenden somnambulen am häufigsten und sichersten den Verlauf ihrer eigenen Krankheit, nebst deren Krisen u. s. w. vorhersagen. Nächstdem werden auch äußere Unfälle, wie Feuersbrünste, Pulverexplosionen, Schiffbrüche, besonders aber Todesfälle, bisweilen durch Träume angekündigt. Endlich aber werden auch andere, mitunter ziemlich geringfügige Begebenheiten von einigen Menschen haarklein vorhergeträumt, wovon ich selbst, durch eine unzweideutige Erfahrung, mich überzeugt habe. Ich will diese hersetzen, da sie zugleich die strenge Nothwendigkeit alles Geschehenden, selbst des allerzufälligsten, in das hellste Licht stellt. An einem Morgen schrieb ich mit großem Eifer einen langen und für mich sehr wichtigen, englischen Geschäftsbrief: als ich die dritte Seite fertig hatte, ergriff ich, statt des Streusands, das Tintenfaß und goß es über den Brief aus: vom Pult floß die Tinte auf den Fußboden. Die auf mein Schellen herbeigekommene Magd holt einen Eimer Wasser und scheuerte damit den Fußboden, damit die Flecke nicht eindrängen. Während dieser Arbeit sagte sie zu mir: "mir hat diese Nacht geträumt, daß ich hier Tintenflecke aus dem Fußboden ausriebe." Worauf ich: "Das ist nicht wahr." Sie wiederum: "Es ist wahr, und habe ich es, nach dem Erwachen, der andern, mit mir zusammen schlafenden Magd erzählt." – Jetzt kommt zufällig diese andere Magd, etwan 17 Jahre alt, herein, die scheuernde abzurufen. Ich trete der Eintretenden entgegen und frage: "was hat dor da diese Nacht geträumt?" – Antwort: "das weiß ich nicht." – Ich wiederum: "Doch! sie hat es Dir ja beim Erwachen erzählt." – Die junge Magd: "Ach ja, ihr hatte geträumt, daß sie hier Tintenflecke aus dem Fußboden reiben würde." – Diese Geschichte, welche, da ich mich für die genaue Wahrheit derselben verbürge, die theorematischen Träume außer Zweifel setzt, ist nicht minder dadurch merkwürdig, daß das Vorhergeträumte die Wirkung einer Handlung war, die man unwillkürlich nennen könnte, sofern ich sie ganz und gar gegen meine Absicht vollzog, und sie von einem ganz kleinen Fehlgriff meiner Hand abhing: dennoch war diese Handlung so strenge nothwendig und unausbleiblich vorherbestimmt, daß ihre Wirkung, mehrere Stunden vorher, als Traum im Bewußtseyn eines Andern dastand. Hier sieht man aufs Deutlichste die Wahrheit meines Satzes: Alles was geschieht, geschieht nothwendig. (Die beiden Grundprobleme der Ethik, S. 62.) – Zur Zurückführung der prophetischen Träume auf ihre nächste Ursache bietet sich uns der Umstand dar, daß sowohl vom natürlichen, als auch vom magnetischen Somnambulismus und seinen Vorgängen bekanntlich keine Erinnerung im wachen Bewußtseyn Statt findet, wohl aber bisweilen eine solche in die Träume des natürlichen, gewöhnlichen Schlafes, deren man sich nachher wachend erinnert, übergeht; so daß alsdann der Traum das Verbindungsglied, die Brücke, wird zwischen dem somnambulen und dem wachen Bewußtseyn. Diesem also gemäß müssen wir die prophetischen Träume zuvörderst Dem zuschreiben, daß im tiefen Schlafe das Träumen sich zu einem somnambulen Hellsehn steigert: da nun aber aus Träumen dieser Art, in der Regel kein unmittelbares Erwachen und eben deshalb keine Erinnerung Statt findet; so sind die, eine Ausnahme hievon machenden und also das Kommende unmittelbar und sensu proprio vorbildenden Träume, welche die theorematischen genannt werden, die allerseltensten. Hingegen wird öfter von einem Träume solcher Art, wenn sein Inhalt dem Träumenden sehr angelegen ist, dieser sich eine Erinnerung dadurch zu erhalten im Stande seyn, daß er sie in den Traum des leichtern Schlafs, aus dem sich unmittelbar erwachen läßt, hinübernimmt: jedoch kann dieses alsdann nicht unmittelbar, sondern nur mittelst Uebersetzung des Inhalts in eine Allegorie geschehn, in deren Gewand gehüllt nunmehr der ursprüngliche, prophetische Traum ins wachende Bewußtseyn gelangt, wo er folglich dann noch der Auslegung, Deutung, bedarf. Dies also ist die andere und häufigere Art der fatidiken Träume, die allegorische. Beide Arten hat schon Artemidoros in seinem Oneirokritikon, dem ältesten der Traumbücher, unterschieden und der ersteren Art den Namen der theorematischen gegeben. In dem Bewußtseyn der stets vorhandenen Möglichkeit des oben dargelegten Herganges hat der keineswegs zufällige, oder angekünstelte, sondern dem Menschen natürliche Hang, über die Bedeutung gehabter Träume zu grübeln, seinen Grund: aus ihm entsteht, wenn er gepflegt und methodisch ausgebildet wird, die Oneiromantik. Allein diese fügt die Voraussetzung hinzu, daß die Vorgänge im Traum eine feststehende, ein für alle Mal geltende Bedeutung hätten, über welche sich daher ein Lexikon machen ließe. Solches ist aber nicht der Fall: vielmehr ist die Allegorie dem jedesmaligen Objekt und Subjekt des dem allegorischen Träume zum Grunde liegenden theorematischen Traumes eigens und individuell angepaßt. Daher eben ist die Auslebung der allegorischen fatidiken Träume größtenteils so schwer, daß wir sie meistens erst, nachdem ihre Verkündigung eingetroffen ist, verstehn, dann aber die ganz eigenthümliche, dem Träumenden sonst völlig fremde, dämonische Schalkhaftigkeit des Witzes, mit welchem die Allegorie angelegt und ausgeführt worden, bewundern müssen: daß wir aber bis dahin diese Träume im Gedächtnis behalten, ist Dem zuzuschreiben, daß sie durch ihre ausgezeichnete Anschaulichkeit, ja Leibhaftigkeit, sich tiefer einprägen, als die übrigen. Allerdings wird Uebung und Erfahrung auch der Kunst, die Träume auszulegen, förderlich seyn. Aber nicht Schuberts bekanntes Buch, an welchem nichts taugt, als blos der Titel, sondern der alte Artemidoros ist es, aus dem man wirklich die "Symbolik des Traumes" kennen lernen kann, zumal aus seinen zwei letzten Büchern, wo er an Hunderten von Beispielen und die Art und Weise, die Methode und den Humor, faßlich macht, deren unsre träumende Allwissenheit sich bedient, um, womöglich, unsrer wachenden Unwissenheit Einiges beizubringen. Dies ist nämlich aus seinen Beispielen viel besser zu erlernen, als aus seinen vorhergängigen Theoremen und Regeln darüber. (Allegorische Wahrträume des Schulheißen Textor erzählt Goethe "Aus meinem Leben", Buch I, S. 42 fg. Im 20. Bande der Ausgabe in 40 Bänden.) Daß auch Shakespeare den besagten

Humor der Sache vollkommen gefaßt hatte, zeigt er im Heinrich VI., Th. II, Akt3, Sc. 2, wo, auf die ganz unerwartete Nachricht vom plötzlichen Tode des Herzogs von Gloster, der schurkische Kardinal Beaufort, der am besten weiß, wie es darum steht, ausruft: "Geheimnißvolles Gericht Gottes! mir träumte diese Nacht, der Herzog wäre stumm und könnte kein Wort reden."

Hier nun ist die wichtige Bemerkung einzuschalten, daß wir das dargelegte Verhältnis zwischen dem theorematischen und dem ihn wiedergebenden allegorischen fatidiken Traume sehr genau wiederfinden in den Aussprüchen der alten griechischen Orakel. Auch diese nämlich, eben wie die fatidiken Träume, geben sehr selten ihre Aussage direkt und sensu proprio, sondern hüllen sie in eine Allegorie, die der Auslegung bedarf, ja, oft erst, nachdem das Orakel in Erfüllung gegangen, verstanden wird, eben wie auch die allegorischen Träume. Aus zahlreichen Belegen führe ich, bloß zur Bezeichnung der Sache an, daß z. B. im Herodot, III, 57, der Orakelspruch der Pythia die Siphner vor der hölzernen Schaar und dem rothen Herold warnt, worunter ein Samisches, einen Sendboten tragendes und roth angestrichenes Schiff zu verstehen war; was jedoch die Siphner weder sogleich, noch als das Schiff kam, verstanden haben, sondern erst hinterher. Ferner, im IV. Buch, Kakp. 163, verwarnt das Orakel der Pythia den König Arkesilaos von Kyrene, daß wenn er den Brennofen voller Amphoren finden würde, er diese nicht ausbrennen, sondern fortschicken solle. Aber erst, nachdem er die Rebellen, welche sich in einen Thurm geflüchtet hatten, in und mit diesem verbrannt hatte, verstand er den Sinn des Orakels, und ihm ward Angst. Die vielen Fälle dieser Art deuten entschieden darauf hin, daß den Aussprüchen des Delphischen Orakels künstlich herbeigeführte fatidike Träume zum Grunde lagen, und daß diese bisweilen bis zum deutlichsten Hellsehn gesteigert werden konnten, worauf denn ein direkter, sensu proprio redender Ausspruch erfolgte, bezeugt die Geschichte vom Krösus (Herodot I, 47, 48), der die Pythia dadurch auf die Probe stellte, daß seine Gesandten sie befragen mußten, was er gerade jetzt, am hundertsten Tage seit ihrer Abreise, fern von ihr in Lydien, vornähme und thäte: worauf sie genau und richtig aussagte, was Keiner als der König selber wußte, daß er eigenhändig in einem ehernen Kessel mit ehernem Deckel Schildkröten- und Hammelfleisch zusammen koche. – Der angegebenen Quelle der Orakelsprüche der Pythia entspricht es, daß man sie auch medicinisch, wegen körperlicher Leiden konsultirte: davon ein Beispiel von Herodot IV, 155.

Dem oben Gesagten zufolge sind die theorematischen fatidiken Träume der höchste und seltenste Grad des Vorhersehens im natürlichen Schlafe, die allegorischen der zweite, geringere. An diese nun schließt sich noch, als letzter und schwächster Ausfluß aus derselben Quelle, die bloße Ahndung, das Vorgefühl. Dasselbe ist öfter trauriger, als heiterer Art; weil eben des Trübsals im Leben mehr ist, als der Freude. Eine finstere Stimmung, eine ängstliche Erwartung des Kommenden, hat sich, nach dem Schlafe, unserer bemächtigt, ohne daß eine Ursache dazu vorläge. Dies ist, der obigen Darstellung gemäß, daraus zu erklären, daß jenes Uebersetzen des im tiefsten Schlafe dagewesenen, theorematischen, wahren, Unheil verkündenden Traumes, in einen allegorischen des leichteren Schlafes nicht gelungen und daher von jenem nichts im Bewußtseyn zurückgeblieben ist, als sein Eindruck auf das Gemüth, d. h. den Willen selbst, diesen eigentlichen und letzten Kern des Menschen. Dieser Eindruck klingt nun nach, als weissagendes Vorgefühl, als finstere Ahndung. Bisweilen wird jedoch diese sich unsrer erst dann bemächtigen, wann die ersten, mit dem im theorematischen Traume gesehenen Unglück zusammenhängende Umstände in der Wirklichkeit eintreten, z. B. wann Einer das Schiff, welches untergehn soll, zu besteigen im Begriffe steht, oder, wann er sich dem Pulverthurm, der auffliegen soll, nähert: schon mancher ist dadurch, daß er alsdann der plötzlich aufsteigenden bangen Ahndung, der ihn befallenden innern Angst, Folge leistete, gerettet worden. Wir müssen dies daraus erklären, daß aus dem theorematischen Traume, obwohl er vergessen ist, doch eine schwache Reminiscenz, eine dumpfe Erinnerung übrig geblieben, die zwar nicht vermag, ins deutliche Bewußtseyn zu treten, aber deren Spur aufgefrischt wird, durch den Anblick eben der Dinge, in der Wirklichkeit, die im vergessenen Traume so entsetzlich auf uns gewirkt hatten. Dieser Art war auch das Dämonion des Sokrates, jene innere Warnungsstimme, die ihn, sobald er irgend etwas Nachtheiliges zu unternehmen sich entschließen wollte, davon abmahnte, immer jedoch nur ab-, nie zurathend. Eine unmittelbare Bestätigung der dargelegten Theorie der Ahndungen ist nur vermittelst des magnetischen Somnambulismus möglich, als welcher die Geheimnisse des Schlafes ausplaudert. Demgemäß finden wir eine solche in der bekannten "Geschichte der Auguste Müller zu Karlsruhe" S. 78. "Den 15. December ward die Somnambule, in ihrem nächtlichen (magnetischen) Schlaf, eines unangenehmen, sie betreffenden Vorfalls inne, der sie sehr niederbeugte. Sie bemerkte zugleich: sie werde den ganzen folgenden Tag ängstlich und benommen seyn, ohne zu wissen warum" – Ferner giebt eine Bestätigung dieser Sache der in der "Seherin von Prevorst" (erste Aufl. Bd. 2. S. 73, – 3. Aufl. S. 325) erzählte Eindruck, den gewissen, auf die somnambule Vorgänge sich beziehende Verse, im Wachen, auf die von jenen jetzt nichts wissende Seherin machten. Auch in Kiefer's "Tellurismus", §. 271, findet man Tathsachen, die auf diesen Punkt Licht werfen.

Hinsichtlich alles Bisherigen ist es sehr wichtig, folgende Grundwahrheit wohl zu fassen und festzuhalten. Der magnetische Schlaf ist nur eine Steigerung des natürlichen; wenn man will, eine höhere Potenz desselben: es ist ein ungleich tieferer Schlaf. Diesem entsprechend ist das Hellsehn nur eine Steigerung des Träumens: es ist ein beständiges Wahrträumen, welches aber hier von außen gelenkt und worauf man will gerichtet werden kann. Drittens ist denn auch die, in so vielen Krankheitsfällen bewährte, unmittelbar heilsame Einwirkung der natürlichen Heilkraft des Magnetismus nichts anderes, als eine Steigerung der natürlichen Heilkraft des Schlafs in allen. Ist doch dieser das wahre große Panakeion und zwar dadurch, daß allererst mittelst seiner die Lebenskraft, der animalischen Funktionen entledigt, völlig frei wird, um jetzt mit ihrer ganzen Macht als vis naturae medicatrix aufzutreten und in dieser Eigenschaft alle im Organismus eingerissenen Unordnungen wieder ins rechte Gleis zu bringen; weshalb auch überall das gänzliche Ausbleiben des Schlafs keine Genesung zuläßt. Dies nun aber leistet der ungleich tiefere, magnetische Schlaf in viel höherem Grade, daher er auch, wann er, um große, bereits chronische Uebel zu heben, von selbst eintritt, bisweilen mehrere Tage anhält, wie z. B. in dem vom Grafen Szapáry veröffentlichten Fall ("Ein Wort über anim. Magn." Leipzig 1840); ja, in Rußland einst eine schwindsüchtige Somnambule, in der allwissenden Krise, ihrem Arzte befahl, sie auf 9 Tage in Scheintod zu versetzen, während welcher Zeit alsdann ihre Lunge völliger Ruhe genoß und dadurch heilte, so daß sie vollkommen genesen erwacht ist. Da nun aber das Wesen des Schlafs in der Unthätigkeit des Cerebralsystems besteht und sogar seine Heilsamkeit gerade daraus entspringt, daß dasselbe, mit seinem animalen Leben, jetzt keine Lebenskraft mehr beschäftigt und verzehrt, diese daher sich jetzt gänzlich dem organischen Leben zuwenden kann; so könnte es als seinem Hauptzweck widersprechend erscheinen, daß gerade im magnetischen Schlafe bisweilen eine überschwänglich gesteigerte Erkenntniskraft hervortritt, die, ihrer Natur nach, doch irgendwie eine Gehirnthätigkeit seyn muß. Allein zuvörderst müssen wir uns erinnern, daß dieser Fall nur eine seltene Ausnahme ist. Unter 20 Kranken, auf die er Magnetismus überhaupt wirkt, wird nur Einer somnambul, d. h. vernimmt und spricht im Schlafe, und unter 5 Somnambulen wird kaum Einer hellsehend (nach Deleuze, hist. Crit. Du magn. Paris 1813. Vol. 1, p. 138). Wann der Magnetismus ohne einzuschläfern heilsam wirkt, so ist es bloß dadurch, daß er die Heilkraft der Natur weckt und auf den leidenden Theil hinlenkt. Außerdem aber ist seine Wirkung zunächst nur ein überaus tiefer Schlaf, welcher traumlos ist, ja, das Cerebralsystem dermaaßen depotenzirt, daß weder Sinneseindrücke, noch Verletzungen irgend gefühlt werden; daher denn auch derselbe auf das Wohlthätigste benutzt worden ist, zu chirurgischen Operationen, aus welchem Dienste jedoch das Chloroform ihn verdrängt hat. Zum Hellsehn, dessen Vorstufe der Somnambulismus, oder das Schlafreden ist, läßt die Natur es eigentlich nur dann kommen, wann ihre blindwirkende Heilkraft zur Beseitigung der Krankheit nicht ausreicht, sondern es der Hülfsmittel von außen bedarf, welche nunmehr, im hellsehenden Zustande, vom Patienten selbst richtig verordnet werden. Also zu diesem Zweck des Selbstverordnens bringt sie das Hellsehn hervor: denn natura nihil facit frustra. Ihr Verfahren hierin ist dem analog und verwandt, welches sie im Großen, bei der ersten Hervorbringung der Wesen, befolgt hat, als sie den Schritt vom Pflanzen- zum Thierreich that: nämlich für die Pflanzen hatte noch die Bewegung auf bloße Reize ausgereicht; jetzt aber machten speciellere und komplicirtere Bedürfnisse, deren Gegenstände aufzusuchen, auszuwählen, ja, zu überwältigen, oder gar zu überlisten waren, die Bewegung auf Motive und daher die Erkenntnis, in vielfach abgestiften Graden nöthig, welche demgemäß der eigenliche Charakter der Thierheit ist, das dem Thiere nicht zufällig, sondern wesentlich Eigene, das, was wir im Begriff des Thieres nothwendig denken. Ich verweise hierüber auf "Die Welt als Wille und Vorstellung" Bd. 1. S. 178 fg.; ferner auf meine Ethik, S. 32, und auf den "Willen in der Natur" S. 48 fg. u. 69-75. Also im einen, wie im andern Falle zündet die Natur sich ein Licht an, um so der Hülfe, deren der Organismus von außen bedarf, aufsuchen und herbeischaffen zu können. Die Lenkung der nun also ein Mal entwickelten Sehergabe der Somnambule auf andere Dinge, als ihren eigenen Gesundheitszustand, ist bloß ein accidenteller Nutzen, ja, eigentlich schon ein Mißbrauch derselben. Ein solcher ist es auch, wenn man eigenmächtig, durch lange fortgesetztes Magnetisiren Somnambulismus und Hellsehn, gegen die Absicht der Natur, hervorruft. Wo diese hingegen wirklich erfordert sind, bringt die Natur sie nach kurzem Magnetisiren, ja, bisweilen als spontanen Somnambulismus, ganz von selbst hervor. Sie treten alsdann auf, wie schon gesagt, als ein Wahrträumen, zunächst nur der unmittelbaren Umgebung, dann im weiteren Kreise und immer weiter, bis dasselbe in den höchsten Graden des Hellsehns, alle Vorgänge auf Erden, wohin nur die Aufmerksamkeit gelenkt wird, erreichen kann, mitunter sogar in die Zukunft dringt. Mit diesen verschiedenen Stufen hält die Fähigkeit zur pathologischen Diagnose und zum therapeutischen Verordnen, zunächst für sich und abusive für Andere, gleichen Schritt.

Auch beim Somnambulismus im ursprünglichen und eigentlichsten Sinne, also dem krankhaften Nachtwandeln, tritt ein solches Wahrträumen ein, hier jedoch nur für den unmittelbaren Verbrauch, daher bloß auf die nächste Umgebung sich erstreckend; weil eben schon hiemit der Zweck der Natur, in diesem Fall, erreicht wird. In solchem Zustande nämlich hat nicht, wie im magnetischen Schlaf, im spontanen Somnambulismus und in der Katalepsie, die Lebenskraft, als vis medicatrix, das animale Leben eingestellt, um auf das organische ihre ganze Macht verwenden und die darin eingerissenen Unordnungen aufheben zu können; sondern sie tritt hier, vermöge einer krankhaften Verstimmung, der am meisten das Alter der Pubertät unterworfen ist, als ein abnormes Uebermaaß von Irritabilität auf, dessen nun die Natur sich zu entladen strebt, welches bekanntlich durch Wandeln, Arbeiten, Klettern, bis zu den halsbrechendesten Lagen und den gefährlichsten Sprüngen, alles im Schlaf, geschieht: da ruft denn die Natur zugleich, als den Wächter dieser so gefährlichen Schritte, jenes räthselhafte Wahrträumen hervor, welches sich hier aber nur auf die nächste Umgebung erstreckt, da dieses hinreicht, den Unfällen vorzubeugen, welche die losgelassene Irritabilität, wenn sie blind wirkte, herbeiführen müßte. Dasselbe hat also hier nur den negativen Zweck, Schaden zu verhüten, während es beim Hellsehn den positiven hat, Hülfe von außen aufzufinden: daher der große Unterschied im Umfang des Gesichtskreises.

So geheimnißvoll die Wirkung des Magnetismus auch ist, so ist doch soviel klar, daß sie zunächst im Einstellen der animalischen Funktionen besteht, indem die Lebenskraft vom Gehirn, welches ein bloßer Pensionär oder Parasit des Organismus ist, abgelenkt, oder vielmehr zurückgedrängt wird zum organischen Leben, als ihrer primitiven Funktion, weil jetzt daselbst ihre ungetheilte Gegenwart und ihre Wirksamkeit als vis medicatrix erfordert ist. Innerhalb des Nervensystems, also des ausschließlichen Sitzes alles irgend sensiblen Lebens, wird aber das organische Leben repräsentirt und vertreten durch den Lenker und Beherrscher seiner Funktionen, den sympathischen Nerven und dessen Ganglien; daher man den Vorgang auch als ein Zurückdrängen der Lebenskraft vom Gehirn zu diesem hin ansehn, überhaupt aber auch Beide als einander entgegengesetzte Pole auffassen kann, nämlich das Gehirn, nebst den ihm anhängenden Organen der Bewegung, als den positiven und bewußten Pol, den sympathischen Nerven, mit seinen Gangliengeflechten, als den negativen und unbewußten Pol. In diesem Sinne nun ließe sich folgende Hypothese über den Hergang beim Magnetisiren aufstellen. Es ist ein Einwirken des Gehirnpols (also des äußeren Nervenpols) des Magnetiseurs auf den gleichnamigen des Patienten, wirkt demnach, dem allgemeinen Polaritätsgesetze gemäß, auf diesen repellirend, wodurch die Nervenkraft auf den andern Pol des Nervensystems, den innern, das Bauchgangliensystem, zurückgedrängt wird. Daher sind Männer, als bei denen der Gehirnpol überwiegt, am tauglichsten zum Magnetisiren; hingegen Weiber, als bei denen das Gangliensystem vorwaltet, am tauglichsten zum Magnetisirtwerden und dessen Folgen. Wäre es möglich, daß das weibliche Gangliensystem eben so auf das männliche, also auch repellirend, einwirken könnte; so müßte, durch den umgekehrten Prozeß, ein abnorm erhöhtes Gehirnleben, ein temporäres

Genie entstehn. Dies ist nicht ausführbar, weil das Gangliensystem nicht fähig ist, nach außen zu wirken. Hingegen ließe sich wohl als ein, durch Wirken ungleichnamiger Pole auf einander, attrahirendes Magnetisiren das Baquet betrachten, so daß die mit demselben, durch zur Herzgrube gehende, eiserne Stäbe und wollene Schnüre, verbundenen sympathischen Nerven aller umhersitzenden Patienten, mit vereinter und durch die anorganische Masse des Baquets erhöhter Kraft, wirkend, den einzelnen Gehirnpol eines jeden von ihnen an sich zögen, also das animale Leben depotenziren, es untergehn lassend in dem magnetischen Schlaf Aller; – dem Lotus zu vergleichen der Abends sich in die Fluth versenkt. Diesem entspricht auch, daß, als man einst die Leiter des Baquets, statt an die Herzgrube, an den Kopf gelegt hatte, heftige Kongestion und Kopfschmerz die Folge war (Kiefer, Tellurism., erste Aufl. Bd. 1, S. 439).

Daß, im siderischen Baquet, die bloßen, unmagnetisirten Metalle, die selbe Kraft ausüben, scheint damit zusammenzuhängen, daß das Metall das Einfachste, Ursprünglichste, die tiefste Stufe der Objektivation des Willens, folglich dem Gehirn als der höchsten Entwicklung dieser Objektivation, gerade entgegengesetzt, also das von ihm entfernteste ist, zudem die größte Masse im kleinsten Raum darbietet. Es ruft demnach den Willen zu seiner Ursprünglichkeit zurück und ist dem Gangliensystem verwandt, wie umgekehrt das Licht dem Gehirn: daher scheuen die Somnambulen die Berührung der Metalle mit den Organen des bewußten Pols. Das Metall- und Wasserfühlen der hiezu Organisirten findet ebenfalls darin seine Erklärung. – Wenn, beim gewöhnlichen, magnetisirten Baquet, das Wirkende die mit demselben verbundenen Gangliensysteme aller um dasselbe versammelten Patienten sind, welche, mit vereinter Kraft, die Gehirnpole herabziehn: so giebt Dies auch eine Anleitung zur Erklärung der Ansteckung des Somnambulismus überhaupt, wie auch der ihr verwandten Mittheilung der gegenwärtigen Aktivität des zweiten Gesichts, durch Anstoßen der damit Begabten unter einander, und der Mittheilung, folglich der Gemeinschaft, der Visionen überhaupt.

Wollte man aber von der obigen, die Polaritätsgesetze zum Grunde legenden Hypothese über den Hergang beim aktiven Magnetisiren eine noch kühnere Anwendung sich erlauben; so ließe sich daraus, wenn auch nur schematisch, ableiten, wie, in den höheren

Graden des Somnabulismus, der Rapport so weit gehn kann, daß die Somnambule aller Gedanken, Kenntnisse, Sprachen, ja aller Sinnesempfindungen des Magnetiseurs theilhaft wird, also in seinem Gehirn gegenwärtig ist, während hingegen sein Wille unmittelbaren Einfluß auf sie hat und sie so sehr beherrscht, daß er sie fest bannen kann. Nämlich bei dem jetzt gebräuchlichsten Galvanischen Apparat, wo die beiden Metalle in zweierlei durch Thonwände getrennte Säuren eingesenkt sind, geht der positive Strom durch diese Flüssigkeiten hindurch, vom Zink zum Kupfer und dann außerhalb derselben, an der Elektrode, vom Kupfer zum Zink zurück. Diesem also analog gienge der positive Strom der Lebenskraft, als Wille des Magnetiseurs, von dessen Gehirn zu dem der Somnambule, sie beherrschend und ihre, im Gehirn das Bewußtseyn hervorbringende Lebenskraft zurücktreibend zum sympathischen Nerven, also der Magengegend, ihrem negativen Pol: dann aber gienge derselbe Strom von hier weiter in den Magnetiseur zurück, zu seinem positiven Pol, dem Gehirn desselben, woselbst er dessen Gedanken und Empfindungen antrifft, deren dadurch jetzt die Somnambule theilhaft wird. Das sind freilich sehr gewagte Annahmen: aber bei so durchaus unerklärten Dingen, wie die, welche hier unser Problem sind, ist jede Hypothese, die zu irgend einem, wenn auch nur schematischem, oder analogischem Verständniß derselben führt, zulässig.

Das überschwänglich Wunderbare, und daher, bis es durch die Uebereinstimmung hundertfältiger, glaubwürdigster Zeugnisse bekräftigt war, schlechthin Unglaubliche des somnambulen Hellsehns, als welchem das Verdeckte, das Abwesende, das weit Entfernte, ja, das noch im Schooße der Zukunft Schlummernde offen liegt, verliert wenigstens seine absolute Unbegreiflichkeit, wenn wir wohl erwägen, daß, wie ich so oft gesagt habe, die objektive Welt ein bloßes Gehirnphänomen ist: denn die auf Raum, Zeit und Kausalität (als Gehirnfunktionen) beruhende Ordnung und Gesetzmäßigkeit desselben ist es, die im somnambulen Hellsehn im gewissen Grade beseitigt wird. Nämlich in Folge der Kantischen Lehre von der Idealität des Raumes und der Zeit begreifen wir, daß das Ding an sich, also das allein wahrhaft Reale in allen Erscheinungen, als frei von jenen beiden Formen des Intellekts, den Unterschied von Nähe und Ferne, von Gegenwart, Vergangenheit und Zukunft nicht kennt; daher die auf jenen Anschauungsformen beruhenden Trennungen sich nicht als absolute erweisen, sondern für die in Rede stehende, durch Umgestaltung ihres Organs im Wesentlichen veränderte Erkenntnißweise, keine unübersteigbaren Schranken mehr darbieten. Wären hingegen Zeit und Raum absolut real und dem Wesen an sich der Dinge angehörig; dann wäre allerdings jene Sehergabe der Somnambulen, wie überhaupt alles Fernsehn und Vorhersehn, ein schlechthin unbegreifliches Wunder. Andrerseits erhält sogar, durch die hier in Rede stehenden Thatsachen, Kants Lehre gewissermaaßen eine faktische Bestätigung. Denn, ist die Zeit keine Bestimmung des eigentlichen Wesens der Dinge; so ist, hinsichtlich auf dieses, Vor und Nach ohne Bedeutung: demgemäß also muß eine Begebenheit eben so wohl erkannt werden können, ehe sie geschehn, als nachher. Jede Mantik, sei es im Traum, im somnambulen Vorhersehn, im zweiten Gesicht, oder wie etwan sonst, besteht nur im Auffinden des Wegs zur Befreiung der Erkenntniß von der Bedingung der Zeit. – Auch läßt die Sache sich in folgendem Gleichniß veranschaulichen. Ding an sich ist das primum mobile in dem Mechanismus, der dem ganzen, komplicirten und bunten Spielwerk dieser Welt seine Bewegung ertheilt. Jenes muß daher von anderer Art und Beschaffenheit seyn, als dieses. Wir sehn wohl den Zusammenhang der einzelnen Theile des Spielwerks, in den absichtlich zu Tage gelegten Hebeln und Rädern (Zeitfolge und Kausalität): aber Das, was diesen allen die erste Bewegung ertheilt, sehn wir nicht. Wenn ich nun lese, wie hellsehende Somnambule das Zukünftige so lange vorher und so genau verkünden, so kommt es mir vor, als wären sie zu dem da hinten verborgenen Mechanismus gelangt, von dem Alles ausgeht, und woselbst daher schon jetzt und gegenwärtig Das ist, was äußerlich, d. h. durch unser optisches Glas der Zeit gesehn, erst als künftig und kommend sich darstellt.

Ueberdies hat nun der selbe animalische Magnetismus, dem wir diese Wunder verdanken, uns auch ein unmittelbares Wirken des Willens auf Andere und in die Ferne auf mancherlei Weise beglaubigt: ein solches aber ist gerade der Grundcharakter Dessen, was der verrufene Namen der Magie bezeichnet. Denn diese ist ein von den kausalen Bedingungen des physischen Wirkens, also des Kontakts, im weitesten Sinne des Worts, befreites, unmittelbares Wirken

unsers Willens selbst; wie ich dies in einem eigenen Kapitel dargelegt habe in der Schrift "über den Willen in der Natur". Das magische verhält sich daher zum physischen Wirken, wie die Mantik zur
vernünftigen Konjektur: es ist wirkliche und gänzliche actio in distans, wie die ächte Mantik, z. B. das somnambule Hellsehn, passio
in distante ist. Wie in diesem die individuelle Isolation der Erkenntniß, so ist in jener die individuelle Isolation des Willens aufgehoben.
In Beiden leisten wir daher unabhängig von den Beschränkungen,
welche Raum, Zeit und Kausalität herbeiführen, was wir sonst und
alltäglich nur unter diesen vermögen. In ihnen hat also unser in-
nerstes Wesen, oder das Ding an sich, jene Formen der Erscheinung
abgestreift und tritt frei von ihnen hervor. Daher ist auch die
Glaubwürdigkeit der Mantik der der Magie verwandt und ist der
Zweifel an Beiden stets zugleich gekommen und gewichen.

Animalischer Magnetismus, sympathetische Kuren, Magie, zweites Gesicht, Wahrträumen, Geistersehn und Visionen aller Art sind
verwandte Erscheinungen, Zweige Eines Stammes, und geben sichere, unabweisbare Anzeige von einem Nexus der Wesen, der auf
einer ganz andern Ordnung der Dinge beruht, als die Natur ist, als
welche zu ihrer Basis die Gesetze des Raumes, der Zeit und der
Kausalität hat; während jene andere Ordnung eine tiefer liegende,
ursprünglichere und unmittelbarere ist, daher vor ihr die ersten
und allgemeinsten, weil rein formalen, Gesetze der Natur ungültig
sind, demnach Zeit und Raum die Individuen nicht mehr trennen
und die eben auf jenen Formen beruhende Vereinzelung und Isolation derselben nicht mehr der Mittheilungen der Gedanken und
dem unmittelbaren Einfluß des Willens unübersteigbare Gränzen
setzt; so daß Veränderungen herbeigeführt werden auf einem ganz
andern Wege, als dem der physischen Kausalität und der zusam-
menhängenden Kette ihrer Glieder, nämlich bloß vermöge eines auf
besondere Weise an den Tag gelegten und dadurch über das Indi-
viduum hinaus potenzirten Willensaktes. Demgemäß ist der eigenthümliche Charakter sämmtlicher, hier in Rede stehender, animaler
Phänomene visio in distans et actio in distans, sowohl der Zeit als
dem Raum nach.

Beiläufig gesagt, ist der wahre Begriff der actio in distans dieser,
daß der Raum zwischen dem Wirkenden und dem Bewirkten, er sei
voll oder leer, durchaus keinen Einfluß auf die Wirkung habe, –

sondern es völlig einerlei sei, ob er einen Zoll, oder eine Billion Uranusbahnen beträgt. Denn, wenn die Wirkung durch die Entfernung irgend geschwächt wird; so ist es, entweder weil eine den Raum bereits füllende Materie dieselbe fortzupflanzen hat und daher, vermöge ihrer steten Gegenwirkung, sie, nach Maaßgabe der Entfernung, schwächt; oder auch, weil die Ursache selbst bloß in einer materiellen Ausströmung besteht, die sich im Raum verbreitet und also desto mehr verdünnt, je größer dieser ist. Hingegen kann der leere Raum selbst auf keine Weise widerstehn und die Kausalität schwächen. Wo also die Wirkung, nach Maaßgabe ihrer Entfernung vom Ausgangspunkte ihre Ursache, abnimmt, wie die des Lichtes, der Gravitation, des Magneten u. s. w., da ist keine actio in distans; und eben so wenig da, wo sie durch die Entfernung auch nur verspätet wird. Denn das Bewegliche im Raum ist allein die Materie: diese müßte also der den Weg zurücklegende Träger einer solchen Wirkung seyn und demgemäß erst wirken, nachdem sie angekommen, mithin erst beim Kontakt, folglich nicht in distans.

Hingegen die hier in Rede stehenden und oben als Zweige eines Stammes aufgezählten Phänomene haben, wie gesagt, gerade die actio in distans und passio a distante zum specifischen Kennzeichen. Hiedurch aber liefern sie, wie auch schon erwähnt, zunächst eine so unerwartete, wie sichere faktische Bestätigung der Kantischen Grundlehre vom Gegensatz der Erscheinung und des Dinges an sich, und dem der Gesetze Beider. Die Natur und ihre Ordnung ist nämlich, nach Kant, bloße Erscheinung: als den Gegensatz derselben sehn wir alle hier in Rede stehenden, magisch zu benennenden Thatsachen unmittelbar im Dinge an sich wurzeln und in der Erscheinungswelt Phänomene herbeiführen, die, gemäß den Gesetzen dieser, nie zu erklären sind, daher mit Recht geleugnet wurden, bis hundertfältige Erfahrung dies nicht länger zuließ. Aber nicht nur die Kantische, sondern auch meine Philosophie erhält durch die nähere Untersuchung dieser Thatsachen eine wichtige Bestätigung, in dem Fakto, daß in allen jenen Phänomenen das eigentliche Agens allein der Wille ist; wodurch dieser sich als das Ding an sich kund giebt. Von dieser Wahrheit demnach, auf seinem empirischen Wege, ergriffen, betitelt ein bekannter Magnetiseur, der ungarische Graf Szapáry, welcher augenscheinlich von meiner Philosophie nichts, und vielleicht auch von aller nicht viel, weiß, in seiner Schrift "ein Wort über den animalischen Magnetismus", Leipzig 1840, gleich die erste Abhandlung: "physische Beweise, daß der Wille das Prinzip alles geistigen und körperlichen Lebens sei."

Ueberdies nun aber und davon ganz abgesehn, geben die besagten Phänomene jedenfalls eine faktische und vollkommen sichere Widerlegung nicht nur des Materialismus, sondern auch des Naturalismus, wie ich diesen, Kap. 17 des 2. Bandes der "Welt als Wille und Vorstellung", als die auf den Thron der Metaphysik gesetzte Physik geschildert habe; indem sie die Ordnung der Natur, welche die genannten beiden Ansichten als die absolute und einzige geltend machen wollen, nachweisen als eine rein phänomenale und demnach bloß oberflächliche, welcher das von ihren Gesetzen unabhängige Wesen der Dinge an sich selbst zum Grunde liegt. Die in Rede stehenden Phänomene aber sind, wenigstens vom philosophischen Standpunkte aus, unter allen Thatsachen, welche die gesammte Erfahrung uns darbietet, ohne allen Vergleich, die wichtigsten; daher sich mit ihnen gründlich bekannt zu machen die Pflicht eines jeden Gelehrten ist.

Diese Erörterung zu erläutern, diene noch folgende allgemeinere Bemerkung. Der Gespensterglaube ist dem Menschen angeboren: er findet sich zu allen Zeiten und in allen Ländern, und vielleicht ist kein Mensch ganz frei davon. Der große Haufe und das Volk, wohl aller Länder und Zeiten, unterscheidet Natürliches und Uebernatürliches, als zwei grundverschiedene, jedoch zugleich vorhandene Ordnungen der Dinge. Dem Uebernatürlichen schreibt er Wunder, Weissagungen, Gespenster und Zauberei unbedenklich zu, läßt aber überdies auch wohl gelten, daß überhaupt nichts durch und durch bis auf den letzten Grund natürlich sei, sondern die Natur selbst auf einem Uebernatürlichen beruhe. Daher versteht das Volk sich sehr wohl, wenn es frägt: "geht Das natürlich zu, oder nicht?" Im Wesentlichen fällt nun diese populäre Unterscheidung zusammen mit der Kantischen zwischen Erscheinung und Ding an sich; nur daß diese die Sache genauer und richtiger bestimmt, nämlich dahin, daß Natürliches und Uebernatürliches nicht zwei verschiedene und getrennte Arten von Wesen sind, sondern Eines und Dasselbe, welches an sich genommen übernatürlich zu nennen ist, weil erst indem es erscheint, d. h. in die Wahrnehmung unsers Intellekts tritt und daher in dessen Formen eingeht, die Natur sich darstellt, deren phänomenale Gesetzmäßigkeit es eben ist, die man unter dem Natürlichen versteht. Ich nun wieder, meines Theils, habe nur Kants Ausdruck verdeutlicht, als ich die "Erscheinung" geradezu Vorstellung genannt habe. Und wenn man nun noch beachtet, daß, so oft, in der Kritik der reinen Vernunft und den Prolegomenen, Kants Ding an sich aus dem Dunkel, in welchem er es hält, nur ein wenig hervortritt, es sogleich sich als das moralisch Zurechnungsfähige in uns, also als den Willen zu erkennen giebt; so wird man auch einsehn, daß ich, durch Nachweisung des Willens als des Dinges an sich, ebenfalls bloß Kants Gedanken verdeutlicht und durchgeführt habe.

Der animalische Magnetismus ist, freilich nicht vom ökonomischen und technologischen, aber wohl vom philosophischen Standpunkte aus betrachtet, die inhaltsschwerste aller jemals gemachten Entdeckungen; wenn er auch einstweilen mehr Räthsel aufgiebt, als löst. Er ist wirklich die praktische Metaphysik, wie schon Bako von Berulam die Magie definirt: er ist gewissermaaßen eine Experimentalmetaphysik: denn die ersten und allgemeinsten Gesetze der Natur werden von ihm beseitigt; daher er das sogar a priori für unmöglich Erachtete möglich macht. Wenn nun aber schon in der bloßen Physik die Experimente und Thatsachen uns noch lange nicht die richtige Einsicht eröffnen, sondern hiezu die oft sehr schwer zu findende Auslegung derselben erfordert ist, wie viel mehr wird Dies der Fall seyn bei den mysteriösen Thatsachen jener empirisch hervortretenden Metaphysik! Die rationale, oder theoretische Metaphysik wird also mit derselben gleichen Schritt halten müssen, damit die hier aufgefundenen Schätze gehoben werden. Dann aber wird eine Zeit kommen, wo Philosophie, animalischer Magnetismus und die in allen ihren Zweigen beispiellos vorgeschrittene Naturwissenschaft gegenseitig ein so helles Licht auf einander werfen, daß Wahrheiten zu Tage kommen werden, welche zu erreichen man außerdem nicht hoffen durfte. Nur denke man hiebei nicht an die metaphysischen Auslagen und Lehren der Somnambulen: diese sind meistens armsälige Ansichten, entsprungen aus den von der Somnambule erlernten Dogmen und deren Mischung mit dem, was sie im Kopf ihres Magnetiseurs vorfindet; daher keiner Beachtung werth.

Auch zu Aufschlüssen über die zu allen Zeiten so hartnäckig behaupteten, wie beharrlich geleugneten Geistererscheinungen sehn wir durch den Magnetismus den Weg geöffnet: allein ihn richtig zu treffen wird dennoch nicht leicht seyn; wiewohl er irgendwo in der Mitte liegen muß zwischen der Leichtgläubigkeit unsers sonst sehr achtungswerthen und verdienstvollen Justinus Kerner und der, jetzt wohl nur noch in England herrschenden, Ansicht, die keine andere, als eine mechanische Naturordnung zuläßt, um nur alles darüber Hinausgehende desto sicherer bei einem von der Welt ganz verschiedenen, persönlichen Wesen, welches nach Willkür mit ihr schaltet, unterbringen und koncentriren zu können. Die lichtscheue und mit unglaublicher Unverschämtheit jeder wissenschaftlichen Erkenntniß frech entgegentretende, daher unserm Welttheile nachgerade zum Skandal gereichende Englische Pfaffenschaft hat, durch ihr Hegen und Pflegen aller dem "kalten Vorurtheile und Anfeindung der ihm entgegenstehenden Wahrheiten, hauptsächlich Schuld an dem Unrecht, welches der animalische Magnetismus in England hat erleiden müssen, woselbst er nämlich, nachdem er schon 40 Jahre lang in Deutschland und Frankreich in Theorie und Praxis anerkannt gewesen, noch immer, ungeprüft, mit der Zuversicht der Unwissenheit, als plumpe Betrügerei verlacht und verdammt wurde: "wer an den animalischen Magnetismus glaubt, kann nicht an Gott glauben" hat noch im Jahre 1850 ein junger englischer Pfaffe zu mir gesagt: hinc illae lacrimae! Endlich hat dennoch auch auf der Insel der Vorurtheile und des Pfaffentruges der animalische Magnetismus sein Banner aufgepflanzt, zu abermaliger und glorreicher Bestätigung des magna es vis veritatis, et praevalebit, ((megalç ç almtheia kai yperiochyei)) (S. (('O iereys)), i. e. L. I. Esrae, in LXX. C. 4, 41), dieses schönen Bibelspruches, bei wlchem jedes Anglikanische Pfaffenherz mit Recht für seine Pfründen zittert. Ueberhaupt ist es an der Zeit, Missionen der Vernunft, Aufklärung und Antipfäfferei nach England zu schicken, mit v. Bohlens und Straußens Bibelkritik in der einen, und der Kritik der reinen Vernunft in der andern Hand, um jenen, sich selbst reverend schreibenden, hochmüthigsten und frechsten aller Pfaffen der Welt das Handwerk zu legen und dem Skandal ein Ende zu machen. Indessen dürfen wir in dieser Hinsicht das Beste von den Dampfschiffen und Eisenbahnen hoffen, als welche dem Austausch der Gedanken ebenso förderlich sind, als dem der Waaren, wodurch sie der in

England mit so verschmitzter Sorgfalt gepflegten, selbst die höhern Stände beherrschenden, pöpelhaften Bigotterie die größte Gefahr bereiten. Wenige nämlich lesen, aber Alle schwätzen, und dazu geben jene Anstalten die Gelegenheit und Muße. Ist es doch nicht länger zu dulden, daß jene Pfaffen die intelligenteste und in fast jeder Hinsicht erste Nation Europa's durch die roheste Bigotterie zur letzten degradiren und sie dadurch verächtlich machen; am wenigsten wenn man an das Mittel denkt, wodurch sie diesen Zweck erreicht haben, nämlich die Volkserziehung, die ihnen anvertraut war, so einzurichten, daß Zwei Drittel der Englischen Nation nicht lesen können. Dabei geht ihre Dummdreistigkeit so weit, daß sie sogar die ganz sichern, allgemeinen Resultate der Geologie in öffentlichen Blättern mit Zorn, Hohn und schaalem Spott angreifen; weil sie nämlich das Mosaische Schöpfungsmährchen in ganzem Ernst geltend machen wollen, ohne zu merken, daß sie in solchen Angriffen mit dem irdenen gegen den eisernen Topf schlagen*) – Uebrigens ist die eigentliche Quelle des skandalösen, volksbetrügenden Englischen Obskurantismus das Gesetz der Primogenitur, als welches der Aristokratie (im weitesten Sinne genommen) eine Versorgung der jüngeren Söhne nothwendig macht: für diese nun ist, wenn sie weder zur Marine noch zur Armee tagen, das Church-establishment (charakteristischer Name), mit seinen 5 Millionen Pfund Einkünften, die Versorgungsanstalt. Man verschafft nämlich dem Junker a living (auch sehr charakteristischer Name: eine Leberei) d. i. eine Pfarre, entweder durch Gunst oder für Geld: sehr häufig werden solche in den Zeitungen zum Verkauf, sogar zur öffentlichen Auktion*) ausgeboten, wiewohl, Anstandshalber, nicht geradezu die Pfarre selbst, sondern das Recht, sie dies Mal zu vergeben (the patronage) verkauft wird. Da aber dieser Handle vor der wirklichen Vakanz derselben abgeschlossen werden muß, fügt man, als zweckmäßigen Puff z. B. hinzu, der jetzige Pfarrer sei schon 77 Jahre alt, wie man denn auch nicht verfehlt, die schöne Jagd- und Fischerei-Gelegenheit bei der Pfarre und das elegante Wohnhaus herauszustreichen. Es ist die frechste Simonie auf der Welt. Hieraus begreift es sich, warum in der guten, will sagen vornehmen, Englischen Gesellschaft, jeder Spott über die Kirche und ihren kalten Aberglauben als schlechter Ton, ja als eine Unanständigkeit betrachtet wird, nach der Maxime quand le bon ton arrive, le bon sens se retire. So groß ist eben deshalb der Einfluß der Pfaffen in England, daß, zur bleibenden Schande der englischen Nation, das von Thorwaldsen verfertigte Standbild Byrons, ihres, nach dem unerreichbaren Shakespeare größten Dichters, nicht hat im Nationalpantheon der Westminsterabtei zu den übrigen großen Männern aufgestellt werden dürfen; weil eben Byron ehrenhaft genug gewesen ist, dem anglikanischen Pfaffentrug keine Konzessionen zu machen, sondern davon unbehindert seinen Gang zu gehen, während der mediokre Poet Wordsworth, das häufige Ziel seines Spottes, richtig in der Westminsterkirche sein Standbild aufgestellt erhalten hat, im Jahre 1854. Die englische Nation signalisirt durch solch Niederträchtigkeit sich selbst as a stultified and priestridden nation. Europa verhöhnt sie mit Recht. Jedoch wird es nicht so bleiben. Ein künftiges, weiseres Geschlecht wird Byrons Statue im Pomp nach der Westminsterkirche tragen. Voltaire hingegen, der hundert Mal mehr als Byron gegen die Kirche geschrieben hat, ruht glorreich im französischen Pantheon, der S. Genovevakirche, glücklich einer Nation anzugehören, die sich nicht von Pfaffen naseführen und regieren läßt. – Dabei bleiben die demoralisirenden Wirkungen des Pfaffentruges und der Bigotterie natürlich nicht aus. Demoralisirend muß es wirken, daß die Pfaffenschaft dem Volke vorlügt, die Hälfte aller Tugenden bestehe im Sonntagsfaulenzen und im Kirchengeplärr, und eines der größten Laster, welches den Weg zu allen andern bahne, sei das Sabbathbreaking, d. h. Nichtfaulenzen am Sonntage: daher sie auch, in den Zeitungen, die zu hängenden armen Sünder sehr oft die Erklärung abgeben lassen, aus dem Sabbathbreaking, diesem gräuslichen Laster, sei ihr ganzer sündiger Lebenslauf entsprungen. Eben wegen besagter Versorgungsanstalt muß noch jetzt das unglückliche Irland, dessen Bewohner zu Tausenden verhungern, neben seinem eigenen katholischen, aus eigenen Mitteln und freiwillig von ihm bezahlten Klerus, eine nichtsthuende protestantische Klerisei, mit Erzbischof und 12 Bischöfen und einer Arme von deans und rectors erhalten, wenn auch nicht direkt auf Kosten des Volks, sondern aus dem Kirchengut.

Ich habe bereits darauf aufmerksam gemacht, daß Traum, somnambules Wahrnehmen, Hellsehn, Vision, Zweites Gesicht und etwaniges Geistersehn, nahe verwandte Erscheinungen sind. Das Gemeinsame derselben ist, daß wir, ihnen verfallen, eine sich objektiv darstellende Anschauung durch ein ganz anderes Organ, als im gewöhnlichen wachen Zustande, erhalten; nämlich nicht durch die äußern Sinne, dennoch aber ganz und genau eben so, wie mittelst dieser: ich habe solches demnach das Traumorgan genannt. Was sie hingegen von einander unterscheidet, ist die Verschiedenheit ihrer Beziehung zu der durch die Sinne wahrnehmbaren, empirisch-realen Außenwelt. Diese nämlich ist beim Traum, in der Regel, gar keine, und sogar bei den seltenen fatidiken Träumen doch meistens nur eine mittelbare und entfernte, sehr selten eine direkte: hingegen ist jene Beziehung bei der somnambulen Wahrnehmung und dem Hellsehn, wie auch beim Nachtwandeln, eine unmittelbare und ganz richtige; bei der Vision und dem etwanigen Geistersehn eine problematische. – Nämlich das Schauen von Objekten im Traum ist anerkannt illusorisch, also eigentlich ein bloß subjektives, wie das in der Phantasie: die selbe Art der Anschauung aber wird, im Schlafwachen und im Somnambulismus, eine völlig und richtig objektive; ja, sie erhält im Hellsehn gar einen, den des Wachenden unvergleichbar weit übertreffenden Gesichtskreis. Wenn sie nun aber hier sich auf die Phantome des Abgeschiedenen erstreckt; so will man sie wieder bloß als ein subjektives Schauen gelten lassen. Dies ist indessen der Analogie dieser Fortschreitung nicht gemäß, und nur soviel läßt sich behaupten, daß jetzt Objekte geschaut werden, deren Daseyn durch die gewöhnliche Anschauung des dabei etwan gegenwärtigen Wachenden nicht beglaubigt wird; während auf der zunächst vorhergegangenen Stufe es solche waren, die der Wache erst in der Ferne aufzusuchen, oder der Zeit nach abzuwarten hat. Aus dieser Stufe nämlich kennen wir das Hellsehn als eine Anschauung, die sich auch auf Das erstreckt, was der wachen Gehirnthätigkeit nicht unmittelbar zugänglich, dennoch aber real vorhanden und wirklich ist: wir dürfen daher jenen Wahrnehmungen, denen die wache Anschauung auch mittelst Zurücklegung eines Raumes oder einer Zeit nicht nachkommen kann, die objektive Realität wenigstens nicht sogleich und ohne Weiteres absprechen. Ja, der Analogie nach, dürfen wir sogar vermuthen, daß ein Anschauungsvermögen, welches sich auf das wirklich Zukünftige und noch gar nicht Vorhandene erstreckt, auch wohl das einst Dagewesene, nicht mehr Vorhandene, als gegenwärtig wahrzunehmen fähig seyn könnte. Zudem ist noch nicht ausgemacht, daß die in Rede stehenden Phantome nicht auch in das wache Bewußtseyn gelangen können. Am häufigsten werden sie wahrgenommen im Zustande des Schlafwachens, also wo man die unmittelbare Umgebung und Gegenwart, wiewohl träumende, richtig erblickt: da nun hier Alles, was man sieht, objektiv real ist; so haben die darin auftretenden Phantome die Präsumtion der Realität zunächst für sich.

Nun aber lehrt überdies die Erfahrung, daß die Funktion des Traumorgans, welche in der Regel den leichteren, gewöhnlichen, oder aber den tieferen magnetischen Schlaf zu Bedingung ihrer Thätigkeit hat, ausnahmsweise auch bei wachem Gehirne zur Ausübung gelangen kann, also daß jenes Auge, mit welchem wir die Träume sehn, auch wohl ein Mal im Wachen aufgehn kann. Alsdann stehn Gestalten vor uns, die denen, welche durch die Sinne ins Gehirn kommen, so täuschend gleichen, daß sie mit diesen verwechselt und dafür gehalten werden, bis sich ergiebt, daß sie nicht Glieder des jene Alle verknüpfenden, im Kausalnexus bestehenden Zusammenhangs der Erfahrung sind, den man unter dem Namen der Körperwelt begreift; was nun entweder sogleich, aus Anlaß ihrer Beschaffenheit, oder aber erst hinterher an den Tag kommt. Einer sich so darstellenden Gestalt nun wird, je nach Dem, worin sie ihre entferntere Ursache hat, der Name einer Hallucination, einer Vision, eines zweiten Gesichts, oder einer Geistererscheinung zukommen. Denn ihre nächste Ursache muß allemal im Innern des Organismus liegen, indem wie oben gezeigt, eine von innen ausgehende Einwirkung es ist, die das Gehirn zu einer anschauenden Thätigkeit erregt, welche, es ganz durchdringend, sich bis auf die Sinnesnerven erstreckt, wodurch alsdann die sich so darstellenden Gestalten sogar Farbe und Glanz, auch Ton und Stimme der Wirklichkeit erhalten. Im Fall dies jedoch unvollkommen geschieht, werden sie nur schwach gefärbt, blaß, grau und fast durchsichtig erscheinen, oder auch wird, dem analog, wenn sie für das Gehör da sind, ihre Stimme verkümmert seyn, hohl, leise, heiser, oder zirpend klingen. Wenn der Seher derselben eine geschärfte Aufmerksamkeit auf sie richtet, pflegen sie zu verschwinden; weil die dem äußeren Eindrucke sich jetzt mit Anstrengung zuwendenden Sinne nun diesen wirklich empfangen, der, als der stärkere und in entgegengesetzter Richtung geschehend, jene ganze, von innen kommende Gehirnthätigkeit überwältigt und zurückdrängt. Eben um diese Kollision zu vermeiden geschieht es, daß, bei Visionen, das innere

Auge die Gestalten soviel wie möglich dahin projicirt, wo das äußere nichts sieht, in finstere Winkel, hinter Vorhänge, die plötzlich durchsichtig werden, und überhaupt in die Dunkelheit der Nacht, als welche bloß darum die Geisterzeit ist, weil Finsterniß, Stille und Einsamkeit, die äußeren Eindrücke aufhebend, jener von innen ausgehenden Thätigkeit des Gehirns Spielraum gestatten; so daß man, in dieser Hinsicht, dieselbe dem Phänomene der Phosphorescenz vergleichen kann, als welches auch durch die Dunkelheit bedingt ist. In lauter Gesellschaft und beim Schein vieler Kerzen ist die Mitternacht keine Geisterstunde. Aber die finstere, stille und einsame Mitternacht ist es; weil wir schon instinktmäßig in ihr den Eintritt von Erscheinungen fürchten, die sich als ganz äußerlich darstellen, wenn gleich ihre nächste Ursache in uns selbst liegt: sonach fürchten wir dann eigentlich uns selbst. Daher nimmt wer den Eintritt solcher Erscheinungen befürchtet Gesellschaft zu sich.

Obgleich nun die Erfahrung lehrt, daß die Erscheinungen der ganzen hier in Rede stehenden Art allerdings im Wachen Statt haben, wodurch gerade sie sich von den Träumen unterscheiden; so bezweifle ich doch noch, daß dieses Wachen ein im strengsten Sinne vollkommenes sei; da schon die hiebei nothwendige Vertheilung der Vorstellungskraft des Gehirns zu heischen scheint, daß wenn das Traumorgan sehr thätig ist, dies nicht ohne einen Abzug von der normalen Thätigkeit, also nur unter einer gewissen Depotenzirung des wachen, nach außen gerichteten Sinnesbewußtseyns geschehn kann: wonach ich vermuthe, daß, während einer solchen Erscheinung, das zwar allerdings wache Bewußtseyn doch gleichsam mit einem ganz leichten Flor überschleiert ist, wodurch es eine gewisse, wiewohl schwache, traumartige Färbung erhält. Hieraus wäre zunächst erklärlich, daß Die, welche wirklich dergleichen Erscheinungen gehabt haben, nie vor Schreck darüber gestorben sind; während hingegen falsche, künstlich veranstaltete Geisererscheinungen bisweilen diese Wirkung gehabt haben. Ja, in der Regel, verursachen die wirklichen Visionen dieser Art gar keine Furcht; sondern erst hinterher, beim Nachdenken darüber, stellt sich einiges Grausen ein: dies mag freilich auch daran liegen, daß sie, während ihrer Dauer, für leibhaftige Menschen gehalten werden, und erst hinterher sich zeigt, daß sie das nicht seyn konnten. Doch glaube ich, daß die Abwesenheit der Furcht, welche sogar ein charakteristisches Kennzeichen wirklicher Visionen dieser Art ist, hauptsächlich aus dem oben angegebenen Grunde entspringt, indem man, obwohl wach, doch von einer Art Traumbewußtseyn leicht umflort ist, also sich in einem Elemente befindet, dem der Schreck über unkörperliche Erscheinungen wesentlich fremd ist, eben weil in demselben das Objektive vom Subjektiven nicht so schroff geschieden ist, wie bei der Einwirkung der Körperwelt. Dies findet eine Bestätigung an der unbefangenen Art, mit welcher die Seherin von Prevorst ihres Geisterumganges pflegt: z. B. Bd. 2, S. 120 (erste Aufl.) läßt sie ganz ruhig einen Geist dastehn und warten, bis sie ihre Suppe gegessen hat. Auch sagt J. Kerner selbst, an mehreren Stellen (z. B. Bd. 1, S. 209), daß sie zwar wach zu seyn schien, aber es doch nie ganz war; was mit ihrer eigenen Aeußerung (Dd. 2, S. 11. 3. Aufl. S. 256), daß sie jedesmal, wenn sie Geister sehe, ganz wach sei, allenfalls noch zu vereinigen seyn möchte.

Von allen dergleichen, im wachen Zustande eintretenden Anschauungen mittelst des Traumorgans, welche uns völlig objektive und den Anschauungen mittelst der Sinne gleich kommende Erscheinung vorhalten, muß, wie gesagt, die nächste Ursache stets im Innern des Organismus liegen, wo dann irgend eine ungewöhnliche Veränderung es ist, welche mittelst des, dem Cerebralsystem schon verwandten und seiner Ganglien, auf das Gehirn wirkt; durch welche Einwirkung nun aber dieses immer nur in die ihm natürliche und eigenthümliche Thätigkeit der objektiven, Raum, Zeit und Kausalität zur Form habenden, Anschauung versetzt werden kann, gerade so wie durch die Einwirkung, welche von außen auf die Sinne geschieht; daher es diese seine normale Funktion jetzt ebenfalls ausübt. – Sogar aber dringt die nun so von innen erregte, anschauende Thätigkeit des Gehirns bis zu den Sinnesnerven durch, welche demnach jetzt ebenfalls von innen wie sonst von außen, zu den ihnen specifischen Empfindungen angeregt, die erscheinenden Gestalten mit Farbe, Klang, Geruch u. s. w. ausstatten und dadurch ihnen die vollkommene Objektivität und Leibhaftigkeit des sinnlich Wahrgenommenen verleihen. Eine beachtenswerthe Bestätigung erhält diese Theorie der Sache durch folgende Angabe einer hellsehenden Somnambule Heinekens über die Entstehung der somnambulen Anschauung: "in der Nacht war ihr, nach einem ruhigen, natürlichen Schlafe, auf ein Mal deutlich geworden, das Licht ent-

wickle sich aus dem Hinterkopfe, ströme von da nach dem Vorder-
kopfe, komme dann zu den Augen, und mache nun die umstehen-
den Gegenstände sichtbar; durch dieses dem Dämmerlichte ähnliche Licht habe sie Alles um sich her deutlich gesehn und erkannt."
(Kiefer's Archiv für d. thier. Magn. Bd. 2, Heft 3, S. 43.) Die dargelegte nächste Ursache solcher im Gehirn von innen aus erregten
Anschauungen muß aber selbst wieder eine haben, welche demnach
die entferntere Ursache jener ist. Wenn wir nun finden sollten, daß
diese nicht jedesmal bloß im Organismus, sondern bisweilen auch
außerhalb desselben zu suchen sei, so würde in letzterem Fall jenem
Gehirnphänomene, welches, bis hieher, als so subjektiv wie die
bloßen Träume, ja, nur als ein wacher Traum sich darstellt, die reale
Objektivität, d. h. die wirklich kausale Beziehung auf etwas außer
dem Subjekt Vorhandenes, von einer ganz andern Seite aus, wieder
gesichert werden, also gleichsam durch die Hinterthüre wieder
hereinkommen. – Ich werde demnach jetzt die entfernteren Ursachen jenes Phänomens, so weit sie uns bekannt sind, aufzählen;
wobei ich zunächst bemerke, daß, so lange diese allein innerhalb
des Organismus liegen, das Phänomen mit dem Namen der Hallucination bezeichnet wird, diesen jedoch ablegt und verschiedene
andere Namen erhält, wenn eine außerhalb des Organismus liegende Ursache nachzuweisen ist, oder wenigstens angenommen werden muß.

1) Die häufigste Ursach des in Rede stehenden Gehirnphänomens
sind heftige akute Krankheiten, namentlich hitzige Fieber, welche
das Delirium herbeiführen, in welchem, unter dem Namen der Fie-
berphantasien, das besagte Phänomen allbekannt ist. Diese Ursache
liegt offenbar bloß im Organismus, wenn gleich das Fieber selbst
durch äußere Ursachen veranlaßt seyn kann.

2) Der Wahnsinn ist keineswegs immer, aber doch bisweilen von
Hallucinationen begleitet, als deren Ursache die ihn zunächst her-
beiführenden, meistens im Gehirn, oft aber auch im übrigen Organismus vorhandenen krankhaften Zustände anzusehn sind.

3) Zu seltenen, glücklicherweise aber vollkommen konstatirten
Fällen, entstehn, ohne daß Fieber, oder sonst akute Krankheit, ge-
schweige denn Wahnsinn, vorhanden sei, Hallucinationen, als Erscheinungen menschlicher Gestalten, die den wirklichen täuschend

gleichen. Der bekannteste Fall dieser Art ist der Nikolai's, da er ihn 1799 der Berliner Akademie vorgelesen und diesen Vortrag auch besonders abgedruckt hat. Einen ähnlichen findet man im Edinburg Journal of Science, by Brewster, Vol. 4. N. 8, Oct. – April 1831, und mehrere andere liefert Brierre des Boismont, des hallucinations, 1845, deuxième edit. 1852, ein für den gesammten Gegenstand unsrer Untersuchung sehr brauchbares Buch, auf welches ich daher mich öfter beziehn werde. Zwar giebt dasselbe keineswegs eine tief eingehende Erklärung der dahin gehöigen Phänomene, sogar hat es leider nicht einmal wirklich, sondern bloß scheinbar eine systematische Anordnung; jedoch ist es ein sehr reiche, auch mit Umsicht und Kritik gesammelte Kompilation aller in unser Thema irgend einschlagenden Fälle. Zu dem speciellen Punkte, den wir soeben betrachten, gehören darin besonders die Observations 7, 13, 15, 29, 65, 108, 110, 111, 112, 114, 115, 132. Ueberhaupt aber muß man annehmen und erwägen, daß von den Thatsachen, welche dem gesammten Gegenstande der gegenwärtigen Betrachtung angehören, auf Eine öffentlich mitgetheilte tausend ähnliche kommen, deren Kunde nie über den Kreis ihrer unmittelbaren Umgebung hinausgelangt ist, aus verschiedenen Ursachen, die leicht abzusehn sind. Daher eben schleppt sich die wissenschaftliche Betrachtung dieses Gegenstandes seit Jahrhunderten, ja Jahrtausenden, mit wenigen einzelnen Fällen, Wahrträumen und Geistergeschichten, deren Gleiche seitdem hundert tausend Mal vorgekommen, aber nicht zur öffentlichen Kunde gebracht und dadurch der Litteratur einverleibt worden sind. Als Beispiele jener, durch zahllose Wiederholung typisch gewordenen Fälle nenne ich nur den Wahrtraum, welchen Cicero de div. I, 27, erzählt, das Gespenst bei Plinius, in der epistola ad Suram, und die Geistererscheinung des Marsilius Ficinus, gemäß der Verabredung mit seinem Freunde Mercatus. – Was nun aber die unter gegenwärtige Nummer in Betrachtung genommenen Fälle betrifft, deren Typus Nicolai's Krankheit ist; so haben sie sich sämmtlich als aus rein körperlichen, gänzlich im Organismus selbst gelegenen abnormen Ursachen entsprungen erwiesen, sowohl durch ihren bedeutungslosen Inhalt und das Periodische ihrer Wiederkehr, als auch dadurch, daß sie therapeutischen Mitteln, besonders Blutentziehungen, allemal gewichen sind. Sie gehören also ebenfalls zu den bloßen Hallucinationen, ja, sind im eigentlichen Sinne so zu nennen.

4) Denselben reihen sich nun zunächst gewisse, ihnen übrigens ähnliche Erscheinungen objektiv und äußerlich dastehender Gestalten an, welche sich jedoch durch einen, eigens für den Seher bestimmten, bedeutsamen und zwar meistens finstern Charakter unterscheiden, und deren reale Bedeutsamkeit meistens durch den bald darauf erfolgenden Tod Dessen, dem sie sich darstellten, außer Zweifel gesetzt wird. Als ein Muster dieser Art ist der Fall zu betrachten, den Walter Schott, on demonology and witchcraft, letter 1, erzählt, und den auch Brierre de Boismont wiederholt, von dem Justizbeamten, welcher, Monate lang, erst eine Katze, darauf einen Ceremonienmeister, endlich ein Skelett, leibhaft stets vor sich sah, wobei er abzehrte und endlich starb. Ganz dieser Art ist ferner die Vision der Miß Lee, welcher die Erscheinung ihrer Mutter ihren Tod auf Tag und Stunde richtig verkündet hat. Sie ist zuerst in Beamont's treatise on spirits (1721 von Arnold ins Deutsche übersetzt) erzählt und danach in Hibberts sketches of the philosophy of apparitions, 1824, dann in Hor. Welby's signs before death, 1825, und findet sich gleichfalls in J. C. Hennings "von Geistern und Geisterssehern.", 1780, endlich auch im Brierre de Boismont. Ein drittes Beispiel giebt die, in dem soeben erwähnten Buche von Welby (S. 156) erzähle Geschichte der Frau Stephens, welche, wachend, eine Leiche hinter ihrem Stuhle liegen sah und einige Tage darauf starb. Ebenfalls gehören hieher die Fälle des Sichselbstsehens, sofern sie bisweilen, wiewohl durchaus nicht immer, den Tod des sich Sehenden anzeigen. Einen sehr merkwürdigen und ungewöhnlich gut beglaubigten Fall dieser Art hat der Berliner Arzt Formey aufgezeichnet, in seinem "Heidnischen Philosophen": man findet ihn in Horst's Deuteroskopie, Bd. 1, S. 115, wie auch in dessen Zauberbibliothek Bd. 1, vollständig wiedergegeben. Doch ist zu bemerken, daß hier die Erscheinung eigentlich nicht von der sehr kurz darauf und unvermuthet gestorbenen Person selbst, sondern nur von ihren Angehörigen gesehn wurde. Von eigentlichem Sichselbstsehn berichtet einen von ihm selbst verbürgten Fall Horst im 2. Th. Der Deuteroskopie, S. 138. Sogar Goethe erzählt, daß er sich selbst gesehen habe, zu Pferde und in einem Kleide, in welchem er 8 Jahre später, eben dort wirklich geritten sei. ("Aus meinem Leben" 11. Buch.) Diese Erscheinung hatte, beiläufig gesagt, eigentlich den Zwck, ihn zu trösten; in dem sie ihn sich sehen ließ, wie er, die Geliebte, von der er soeben sehr schmerzlichen Abschied genommen, nach 8 Jahren

wieder zu besuchen, des entgegengesetzten Weges geritten kam: sie lüftete ihm also auf einen Augenblick den Schleier der Zukunft, um ihm, in seiner Betrübniß, das Wiedersehn zu verkündigen. – Erscheinungen dieser Art sind nun nicht mehr bloße Hallucinationen, sondern Visionen. Denn sie stellen entweder etwas Reales dar, oder beziehen sich auf künftige, wirkliche Vorgänge. Daher sind sie im wachen Zustande Das, was im Schlafe die fatidiken Träume, welche, wie oben gesagt, am häufigsten sich auf den eigenen, besonders den ungünstigen, Gesundheitszustand des Träumenden beziehn; – während die bloßen Hallucinationen den gewöhnlichen, nichtbedeutenden Träumen entsprechen.

5) Nun wieder denjenigen fatidiken Träumen, welche sich nicht auf den eigenen Gesundheitszustand, sondern auf ganz äußerliche Begebenheiten beziehn, entsprechen gewisse, den obigen zunächst stehende Visionen, welche nicht die aus dem Organismus entspringenden, sondern die von außen uns bedrohenden Gefahren ankündigen, welche aber freilich oft über unsere Häupter vorüberziehn, ohne daß wir sie irgend gewahr würden; in welchem Fall wir die äußere Beziehung der Vision nicht konstatiren können. Visionen dieser Art erfordern, um sichtbar auszufallen, mancherlei Bedingungen, vorzüglich, daß das betreffende Subjekt die dazu eigende Empfänglichkeit habe. Wenn hingegen dieses, wie meistentheils, nur im niedrigeren Grade der Fall ist; so wird die Kundgebung bloß hörbar ausfallen und dann sich durch mancherlei Töne manifestiren, am häufigsten durch Klopfen, welches besonders Nachts, meistens gegen Morgen einzutreten pflegt und zwar so, daß man erwacht und gleich darauf ein sehr starkes und die völlige Deutlichkeit der Wirklichkeit habendes Klopfen an der Thüre des Schlafgemachs vernimmt. Zu sichtbaren Visionen, und zwar in allegorisch bedeutsamen Gestalten, die dann von denen der Wirklichkeit nicht zu unterscheiden sind, wird es am ersten dann kommen, wann eine sehr große Gefahr unser Leben bedrohet, oder aber auch wann wir einer solchen, oft ohne es gewiß zu wissen, glücklich entgangen sind; wo sie dann gleichsam Glück wünschen und anzeigen, daß wir jetzt noch viele Jahre vor uns haben. Endlich aber werden dergleichen Visionen auch eintreten, ein unabwendbares Unglück zu verkünden: dieser letztern Art war die bekannte Vision des Brutus vor der Schlacht bei Philippi, sich darstellend als sein böser Genius;

wie auch die hier sehr ähnliche des Kassius Parmensis, nach des Schlacht bei Aktium, welche Valerius Maximus (Lib. I, c. 7, §. 7) erzählt. Ueberhaupt vermuthe ich, daß die Visionen dieser Gattung ein Hauptanlaß zum Mythos der Alten von dem Jeden beigegebenen Genius, so wie der Christlichen Zeiten vom Spiritus familiaris gewesen sind. In den mittlern Jahrhunderten suchte man sie durch die Astralgeister zu erklären, wie dies die in der Abhandlung "Ueber das transcendente Schicksal" beigebrachte Stelle des Theophr. Paracelsus bezeugt: "Damit aber das Fatum wohl erkannt werde, ist es also, daß jeglicher Mensch einen Geist hat, der außerhalb ihm wohnt und setzt seinen Suhl in die obern Sterne. Derselbige gebraucht die Bossen[1] seines Meisters. Derselbige ist der, der da die Präsagia demselbigen vorzeigt und nachzeigt: denn sie bleiben nach diesen. Diese Geister heißen Fatum." Im 17. und 18. Jahrhundert hingegen gebrauchte man, um diese, wie viele andere, Erscheinungen zu erklären, das Wort spiritus vitales, welches, da die Begriffe fehlten, sich zu rechter Zeit eingestellt hatte. Die wirklichen entfernteren Ursachen der Visionen dieser Art können, wenn dieser ihre Beziehung auf äußere Gefahren konstatirt ist, offenbar nicht bloß im Organismus liegen: wie weit wir die Art ihrer Verbindung mit der Außenwelt uns faßlich zu machen vermögen wer de ich weiterhin untersuchen.

6) Visionen, welche gar nicht mehr den Seher derselben betreffen und dennoch künftige, kürzere oder längere Zeit darauf eintretende Begebenheiten, genau und oft nach allen ihren Einzelheiten, unmittelbar darstellen, sind die jener seltenen Gabe, die man second sight, das zweite Gesicht, oder Deuteroskopie nennt, eigenthümlichen. Eine reichhaltige Sammlung der Berichte darüber enthält Horst's Deuteroskopie, 2 Bände, 1830: auch findet man neuere Thatsachen dieser Gattung in verschiedenen Bänden des Kiefer'schen Archivs für thierischen Magnetismus. Die seltsame Fähigkeit zu Visionen dieser Art ist keineswegs ausschließlich in Schottland und Norwegen zu finden, sondern kommt, namentlich in Bezug auf Todesfälle, auch bei uns vor; worüber man Berichte in Jung-Stillings Theorie der Geisterstunde §. 153 u. s. f. findet. Auch die berühmte Prophezeiung des Cazotte scheint auf so etwas zu beruhen. Sogar auch bei

---

[1] fixe Typen zu erhabenen Arbeiten; davon Bossieren

den Negern der Wüste Sahara findet das zweite Gesicht sich häufig vor. (S. James Richardson, narrative of a mission to Central Africa, London 1853.) Ja, schon im Homer finden wir (Od. XX, 351-57) eine wirkliche Deuteroskopie dargestellt, die sogar eine seltsame Aehnlichkeit mit der Geschichte des Cazotte hat. Desgleichen wird eine vollkommene Deuteroskopie von Herodot erzähl, L. VIII, c. 65. – In diesem zweiten Gesicht also erreicht die, hier wie immer zunächst aus dem Organismus entspringende Vision den höchsten Grad von objektiver, realer Wahrheit und verräth dadurch eine von der gewöhnlichen, physischen, gänzlich verschiedene Art unserer Verbindung mit der Außenwelt. Sie geht, als wachender Zustand, den höchsten Graden des somnambulen Hellsehns parallel. Eigentlich ist sie ein vollkommenes Wahrträumen im Wachen, oder wenigstens in einem Zustande, der mitten im Wachen auf wenige Augenblicke eintritt. Auch ist die Vision des zweiten Gesichts, eben wie die Wahrträume, in vielen Fällen nicht theorematisch, sondern allegorisch, oder symbolisch, jedoch, was höchst merkwürdig ist, nach feststehenden bei allen Sehern in gleicher Bedeutsamkeit eintretenden Symbolen, die man im erwähnten Buche von Horst, Bd. 1, S. 63-69, wie auch in Kiefer's Archiv, Bd. VI, 3, S. 105-108 specificirt findet.

7) Zu den eben betrachteten, der Zukunft zugekehrten Visionen liefern nun das Gegenstück diejenigen, welche das Vergangene, namentlich die Gestalten ehemals lebender Personen, vor das im Wachen aufgehende Traumorgan bringen. Es ist ziemlich gewiß, daß sie veranlaßt werden können durch die in der Nähe befindlichen Ueberreste der Leichen derselben. Diese sehr wichtige Erfahrung, auf welche eine Menge Geistererscheinungen zurückzuführen sind, hat ihre solideste und ungemein sichere Beglaubigung an einem Briefe vom Prof. Ehrmann, dem Schwiegersohne des Dichters Pfeffel, welcher in extenso gegeben wird, in Kiefer's Archiv, Bd. 10, H. 3, S. 11 fg.: Auszüge daraus aber findet man in vielen Büchern, z. B. in F. Fischer's Somnambulismus, Bd. 1, S. 246. Jedoch auch außerdem wird dieselbe durch viele Fälle, welche auf sie zurückzuführen sind, bestätigt, von diesen will ich hier nur einige anführen. Zunächst nämlich gehört dahin die in eben jenem Briefe, und auch aus guter Quelle mitgetheilte Geschichte von Pastor Lindner, welche ebenfalls in vielen Büchern wiederholt worden ist, unter andern

in der Seherin von Prevorst (Bd. 2, S. 98 der ersten und S. 356 der 3. Aufl.); ferner ist dieser Art eine in dem angeführten Buche Fischer's (S. 252) von diesem selbst, nach Augenzeugen, mitgetheilte Geschichte, die er zur Berichtigung eines kurzen, in der Seherin von Prevorst (S. 358 der 3. Aufl.) befindlichen Berichts darüber erzählt. Sodann in G. J. Menzel's "Unterhaltungen über die auffallendesten neuern Geistererscheinungen", 1800, finden wir, gleich im ersten Kapitel, sieben solche Erscheinungsgeschichten, die sämmtlich die in der Nähe befindlichen Ueberrest der Todten zum Anlaß haben. Die Pfeffel'sche Geschichte ist die letzte darunter: aber auch die übrigen tragen ganz den Charakter der Wahrheit und durchaus nicht den der Erfindung. Auch erzählen sie alle nur ein bloßes Erscheinen der Gestalt des Verstorbenen, ohne alle weitern Fortgang, oder gar dramatischen Zusammenhang. Sie verdienen daher, hinsichtlich der Theorie dieser Phänomene, alle Berücksichtigung. Die rationalistischen Erklärungen, die der Verfasser dazu giebt, können dienen, die gänzliche Unzulänglichkeit solcher Auflösungen in helles Licht zu stellen. Hieher gehört ferner, im oben angeführten Buche des Brierre de Boismont, die 4. Beobachtung; nicht weniger manche der von den alten Schriftstellern uns überlieferten Geistergeschichten, z. B. die vom jüngern Plinius (L. VII, epist. 27) erzählte, welche schon deshalb merkwürdig ist, daß sie so ganz denselben Charakter trägt, wie unzählige aus der neuern Zeit. Ihr ganz ähnlich, vielleicht sogar nur eine andere Version derselben, ist die, welche Lukianos, im Philopseudes Kap. 31 vorträgt. Sodann ist dieser Art die Erzählung vom Damon, in Plutarchs erstem Kapitel des Kimon; ferner was Pausanias (Attica I, 32) vom Schlachtfelde bei Marathon berichtet; womit zu vergleichen ist, was Brierre S. 590 erzählt; endlich die Angaben des Suetonius im Kaligula, Kap. 59. Ueberhaupt möchten auf die in Rede stehende Erfahrung fast alle die Fälle zurückzuführen seyn, wo Geister stets an derselben Stelle erscheinen und der Spuk an eine bestimmte Lokalität gebunden ist, an Kirchen, Kirchhöfe, Schlachtfelder, Mordstätten, Hochgericht und jene deshalb in Verruf gekommenen Häuser, die niemand bewohnen will, welche man hin und wieder immer antreffen wird: auch mir sind in meinem Leben deren mehrere vorgekommen. Solche Lokalitäten sind der Anlaß gewesen zu dem Buche des Jesuiten Petrus Thyraeus: de infestis, ob molestantes daemoniorum et defunctorum spiritus, locis. Köln 1598. – Aber die merkwürdigste

Thatsache dieser Art liefert vielleicht die Observ. 77 des Brierre de Boismont. Als eine wohlzubeachtende Bestätigung der hier gegebenen Erklärung so vieler Geistererscheinungen, ja, als ein zu ihr führendes Mittelglied, ist die Vision einer Somnambule zu betrachten, die in Kerner's Blättern aus Prevorst, Samml. 10, S. 61, mitgetheilt wird: dieser nämlich stellte sich plötzlich eine von ihr genau beschriebene Scene dar, die sich vor mehr als 100 Jahren daselbst zugetragen haben mochte; da die von ihr beschriebenen Personen vorhandenen Porträts glichen, die sie jedoch nie gesehn hatte.

Die hier in Betrachtung genommene wichtige Grund-Erfahrung selbst aber, auf welche alle solche Vorgänge zurückführbar sind, und die ich retrospective second sight benenne, muß als Urphänomen stehn bleiben; weil, sie zu erklären, es uns bis jetzt noch an Mitteln fehlt. Inzwischen läßt sie sich in nahe Verbindung bringen mit einem andern, freilich eben so unerklärlichen Phänomen; wodurch jedoch schon viel gewonnen wird; da wir alsdann, statt zweier unbekannter Größen, nur eine behalten; welcher Vortheil dem so gerühmten analog ist, den wir durch Zurückführung des mineralischen Magnetismus auf die Elektricität erlangt haben. Wie nämlich eine im hohen Grade hellsehende Somnambule sogar durch die Zeit nicht in ihrer Wahrnehmung beschränkt wird, sondern mitunter auch wirklich zukünftige und zwar ganz zufällig eintretende Vorgänge vorhersieht; wie das Selbe, noch auffallender, von den Deuteroskopisten und Leichensehern geleistet wird; wie also Vorgänge, die in unsere empirische Wirklichkeit noch gar nicht eingetreten sind, dennoch, aus der Nacht der Zukunft heraus, schon auf dergleichen Personen wirken und in ihre Perception fallen können; so können auch wohl Vorgänge und Menschen, die doch schon ein Mal wirklich waren, wiewohl sie es nicht mehr sind, auf gewisse hiezu besonders disponirte Personen wirken und also, wie jene eine Vorwirkung, eine Nachwirkung äußern; ja, Diese ist weniger unbegreiflich, als Jenes, zumal wann eine solche Auffassung vermittelt und eingeleitet wird durch etwas Materielles, wie etwan die noch wirklich vorhandenen, leiblichen Ueberreste der wahrgenommenen Personen, oder Sachen, die in genauer Verbindung mit ihnen gewesen, ihre Kleider, das von ihnen bewohnte Gemach, oder woran ihr Herz gehangen, der verborgene Schatz; dem analog, wie die sehr hellsehende Somnambule bisweilen nur durch irgendein leibliches

Verbindungsglied, z. B. ein Tuch, welches der Kranke einige Tage auf dem bloßen Leibe getragen (Kiefer's Archiv, III, 3, S. 24), oder eine abgeschnittene Haarlocke, mit entfernteren Personen, über deren Gesundheitszustand sie berichten soll, in Rapport gesetzt wird und dadurch ein Bild von ihnen erhält; welcher Fall dem in Rede stehenden nahe verwandt ist. Dieser Ansicht zufolge wären die an bestimmte Lokalitäten, oder an die daselbst liegenden leiblichen Ueberreste Verstorbener, sich knüpfenden Geistererscheinungen nur die Wahrnehmungen einer rückwärts gekehrten, als oder Vergangenheit zugewandten Deuteroskopie, – a retrospective second sight: sie wären demnach ganz eigentlich, was schon die Alten (deren ganze Vorstellung vom Schattenreiche vielleicht aus Geisererscheinungen hervorgegangen ist: man sehe Odyssee XXIV.) Sie nannten, Schatten, umbrae, ((eidôla kamontôn, – nekyôn amençna karçna)) – manes (von manere, gleichsam Ueberbleibsel, Spuren), also Nachklänge dagewesener Erscheinungen dieser unserer in Zeit und Raum sich darstellenden Erscheinungswelt, dem Traumorgan wahrnehmbar werdend, in seltenen Fällen während des wachen Zustandes, leichter im Schlaf, als bloße Träume, am leichtesten natürlich im tiefen magnetischen Schlaf, wann in ihm der Traum zum Schlafwachen und dieses zum Hellsehn sich gesteigert hat; aber auch in dem gleich Anfangs erwähnten natürlichen Schlafwachen, welches als ein Wahrträumen der nächsten Umgebung des Schlafenden beschrieben wurde und gerade durch das Eintreten solcher fremdartigen Gestalten zuerst als ein vom wachen Zustande verschiedener sich zu erkennen giebt. In diesem Schlafwachen nämlich werden am häufigsten die Gestalten eben gestorbener Personen, deren Leiche noch im Hause ist, sich darstellen; wie überhaupt eben dem Gesetz, daß diese rückwärts gekehrte Deuteroskopie durch leibliche Ueberreste der Todten eingeleitet wird, gemäß, die Gestalt eines Verstorbenen den dazu disponirten Personen, selbst im wachen Zustande, am leichtesten erscheinen kann, so lange er noch nicht bestattet ist; wiewohl sie auch dann immer nur durch das Traumorgan wahrgenommen wird.

Nach dem Gesagten versteht es sich von selbst, daß einem auf diese Weise erscheinenden Gespenste nicht die unmittelbare Realität eines gegenwärtigen Objekts beizulegen ist; wiewohl ihm unmittelbar doch eine Realität zum Grunde liegt: nämlich was man da sieht, ist keineswegs der Abgeschiedene selbst, sondern es ist ein bloßes ((eidôlon)), ein Bild Dessen, der ein Mal war, entstehend im Traumorgan eines hiezu disponirten Menschen; auf Anlaß irgend eines Ueberbleibsels, irgend einer zurückgelassenen Spur. Dasselbe hat daher nicht mehr Realität, als die Erscheinung Dessen, der sich selbst sieht, oder auch von Andern dort wahrgenommen wird, wo er sich nicht befindet. Fälle dieser Art aber sind durch glaubwürdige Zeugnisse bekannt, von denen man einige in Horst's Deuteroskopie Bd. 2, Abschn. 4 zusammengestellt findet: auch der erwähnte von Goethe gehört dahin; desgleichen die nicht seltene Thatsache, daß Kranke, wann dem Tode nahe, sich im Bett doppelt vorhanden wähnen. "Wie geht es?" fragte hier vor nicht langer Zeit ein Arzt seinen schwer darniederliegenden Kranken: "jetzt besser, seitdem wir im Bette zu zwei sind", war die Antwort: bald darauf starb er. – Demnach steht eine Geistererscheinung der hier in Betrachtung kommenden Art zwar in objektiver Beziehung zum ehemaligen Zustand der sich darstellenden Person, aber keineswegs zu ihrem gegenwärtigen: denn dieselbe hat durchaus keinen aktiven Theil daran; daher auch nicht auf ihre noch fortdauernde individuelle Existenz daraus zu schließen ist. Zu der gegebenen Erklärung stimmt auch, daß die so erscheinenden Abgeschiedenen in der Regel bekleidet und in der Tracht, die ihnen gewöhnlich war, gesehn werden; wie auch, daß mit dem Mörder der Gemordete, mit dem Reiter das Pferd erscheint u. dergl. m. Den Visionen dieser Art sind wahrscheinlich auch die meisten der von der Seherin zu Prevorst gesehenen Gespenster beizuzählen, die Gespräche aber, die sie mit ihnen geführt hat, als das Werk ihrer eigenen Einbildungskraft anzusehn, die den Text zu dieser stummen Procession (dumb shew) und dadurch eine Erklärung derselben, aus eigenen Mitteln, lieferte. Der Mensch ist nämlich von Natur aus bestrebt, sich Alles was er sieht irgendwie zu erklären, oder wenigstens einigen Zusammenhang hineinzubringen, ja es, in seinen Gedanken, reden zu lassen: daher Kinder sogar den leblosen Dingen oft einen Dialog unterlegen. Demnach war die Seherin selbst, ohne es zu wissen, der Soufleur jener ihr erscheinenden Gestalten, wobei ihre Einbildungskraft in derjenigen Art unbewußter Thätigkeit war, womit wir, im gewöhnlichen, bedeutungslosen Traum, die Begebenheiten lenken und fügen, ja auch wohl bisweilen den Anlaß dazu von objektiven, zufälligen Umständen, etwan einem im Bette gefühlten Druck, oder einem von außen zu uns gelangenden Ton, oder Geruch u. s. w. nehmen, welchen gemäß wir sodann lange Geschichten träumen. Um diese Dramaturgie der Seherin zu erläutern, sehe man was in Kiefer's Archiv, Bd. 11, H. 1, S. 121, Bende Bendsen von seiner Somnambule erzählt, welcher, im magnetischen Schlafe, bisweilen ihre lebenden Bekannten erschienen, wo sie dann, mit lauter Stimme, lange Gespräche mit ihnen führte. Daselbst heißt es: "unter den vielen Gesprächen, welche sie mit Abwesenden hielt, ist das nachstehende charakteristisch. Während der vermeintlichen Antworten schwieg sie, schien mit gespannter Aufmerksamkeit, wobei sie sich im Bette erhob und den Kopf nach einer bestimmten Seite drehte, den Antworten der Andern zuzuhören und rückte dann mit ihren Einwendungen dagegen an. Sie dachte sich hier die alte Karen, mir ihrer Magd, gegenwärtig und sprach abwechselnd bald mit dieser, bald mit jener. – – – – Die scheinbare Zerspaltung der eigenen Persönlichkeit in drei verschiedene, wie dies im Traum gewöhnlich ist, ging hier so weit, "daß ich die Schlafende damals gar nicht davon überzeugen konnte, sie mache alle drei Personen selbst." Dieser Art also sind, meiner Meinung nach, auch die Geistergespräche der Seherin von Prevorst, und findet diese Erklärung eine starke Bestätigung an der unaussprechlichen Abgeschmacktheit des Textes dieser Dialoge und Dramen, welche allein dem Vorstellungskreise eines unwissenden Gebirgsmädchens und der ihr beigebrachten Volksmetaphysik entsprechen, und welchen eine objektive Realität unterzulegen, nur unter Voraussetzung einer so gränzenlos absurden, ja empörend dummen Weltordnung möglich ist, daß man ihr anzugehören sich schämen müßte. – Hätte der so befangene und leichtgläubige Just. Kerner nicht im Stillen doch eine leise Ahndung von dem hier angegebenen Ursprunge jener Geiserunterredungen gehabt, so würde er nicht, mit so unverantwortlicher Leichtfertigkeit, überall und jedes Mal unterlassen haben, den von den Geistern angezeigten, materiellen Gegenstände, z. B. Schreibzeugen in Kirchenkellern, goldenen Ketten in Burggewölbe, begrabenen Kindern in Pferdeställen, mit allem Ernst und Eifer nachzusuchen, satt sich durch die leichtesten Hindernisse davon abhalten zu lassen. Denn Das hätte Licht auf die Sachen geworfen.

Ueberhaupt bin ich der Meinung, daß die allermeisten wirklich gesehenen Erscheinungen Verstorbener zu dieser Kategorie der

Visionen gehören und ihnen demnach zwar eine vergangene, aber keineswegs eine gegewärtige, geradezu objektive Realität entspricht: so z. B. der Erscheinung des Präsidenten der Berliner Akademie Maupertuis im Saale derselben gesehen vom Botaniker Gleditsch; welches Nikolai in seiner schon erwähnten Vorlesung vor eben dieser Akademie anführt; desgleichen die von Walter Scott in der Edinb. review vorgetragene und von Horst in der Deuteroskopie Bd. 1, S. 113 wiederholte Geschichte von dem Landammann in der Schweiz, der, in die öffentliche Bibliothek tretend, seinen Vorgänger, in feierlicher Rathsversammlung, von lauter Verstorbenen umgeben, auf dem Präsidentenstuhl sitzend erblickt. Auch geht aus einigen, hieher gehörigen Erzählungen hervor, daß der objektive Anlaß zu Visionen dieser Art nicht nothwendig das Skelett, oder ein sonstiges Ueberbleibsel eines Leichnams seyn muß, sondern daß auch andere, mit dem Verstorbenen in naher Berührung gewesene Dinge dies vermögen: so z. B. finden wir, in dem oben angeführten Buche von G. J. Wenzel, unter den 7 hieher gehörigen Geschichten 6, wo die Leiche, aber eine, wo der bloße stets getragene Rock des Verstorbenen, der gleich nach dessen Tode eingeschlossen wurde, nach mehreren Wochen, beim Hervorholen, seine leibhafte Erscheinung vor der darüber entsetzten Witwe veranlaßt. Und sonach könnte es seyn, daß auch leichtere, unsern Sinnen kaum mehr wahrnehmbare Spuren, wie z. B. längst vom Boden eingesogene Blutstropfen, oder vielleicht gar das bloße von Mauer eingeschlossene Lokal, wo einer, unter großer Angst, oder Verzweiflung, einen gewaltsamen Tod erlitt, hinreichten, in dem dazu Prädisponirten eine solche rückwärts gekehrte Deuteroskopie hervorzurufen. Hiemit mag auch die von Lukian (Philopseudes Kap. 29) angeführte Meinung der Alten zusammenhängen, daß bloß die eines gewaltsamen Todes Gestorbenen erscheinen könnten. Nicht minder könnte wohl ein vom Verstorbenen vergrabener und stets ängstlich bewachter Schatz, an welchen noch seine letzten Gedanken sich hefteten, den in Rede stehenden objektiven Anlaß zu einer solchen Vision abgeben, die dann, möglicher Weise, sogar lukrativ ausfallen könnte. Die besagte objektiven Anlässe spielen bei diesem durch das Traumorgan vermittelten Erkennen des Vergangenen gewissermaßen die Rolle, welche bei dem normalen Denken der nexus idearum seinen Gegenständen ertheilt. Uebrigens gilt von den hier in Rede stehenden, wie von allen im Wachen durch das Traumorgan möglichen Wahrnehmungen, daß sie leichter unter der Form des Hörbaren, als des Sichtbaren ins Bewußtseyn kommen, daher die Erzählung von Tönen, die an diesem, oder jenem Orte bisweilen gehört werden, viel häufiger sind, als die von sichtbaren Erscheinungen.

Wenn nun aber, bei einigen Beispielen der hier in Betrachtung genommenen Art, erzählt wird, die erscheinenden Verstorbenen hätten dem sie Schauenden gewisse, bis dahin unbekannte Thatsachen revelirt; so ist Dies zuvörderst nur auf die sichersten Zeugnisse hin anzunehmen und bis dahin zu bezweifeln: sodann aber ließe es sich allenfalls doch noch, durch gewisse Analogien mit dem Hellsehn der Somnambulen, erklären. Manche Somnambulen nämlich haben, in einzelnen Fällen, den ihnen vorgeführten Kranken gesagt, durch welchen ganz zufälligen Anlaß diese, vor langer Zeit, sich ihre Krankheit zugezogen hätten, und haben ihnen dadurch den fast ganz vergessenen Vorfall ins Gedächtnis zurückgerufen. (Beispiele dieser Art sind, in Kiefers Archiv Bd. 3, Stck. 3, S. 70, der Schreck vor dem Fall von einer Leiter, und, in J. Kerners Geschichte zweier Somnambulen S. 189, die dem Knaben gemachte Bemerkung, er habe in früherer Zeit bei einer epileptischen Person geschlafen.) Auch gehört hieher, daß einige Hellsehende aus einer Haarlocke, oder dem getragenen Tuch eines von ihnen nie gesehenen Patienten, ihn und seinen Zustand richtig erkannt haben. – Also beweisen selbst Revelationen nicht schlechthin die Anwesenheit eines Verstorbenen.

Imgleichen läßt sich, daß die erscheinende Gestalt eines Verstorbenen bisweilen von zwei Personen gesehn und gehört worden, auf die bekannte Ansteckungsfähigkeit sowohl des Somnambulismus, als auch des zweiten Gesichts, zurückführen.

Sonach hätten wir, unter gegenwärtiger Nummer, wenigstens den größten Theil der beglaubigten Erscheinungen der Gestalten Verstorbener in so fern erklärt, als wir sie zurückgeführt haben auf einen gemeinschaftlichen Grund, die retrospektive Deuteroskopie, welche in vielen solcher Fälle, namentlich in den Anfangs dieser Nummer angeführten, nicht wohl geleugnet werden kann. – Hingegen ist sie selbst eine höchst seltsame und unerklärte Thatsache. Mit einer Erklärung dieser Art müssen wir aber in manchen Dingen uns begnügen; wie denn z. B. das ganze große Gebäude der Elektricitätslehre bloß aus einer Unterordnung mannigfaltiger Phänomene unter in völlig unerklärt bleibendes Urphänomen besteht.

8) Der lebhafte und sehnsüchtige Gedanke eines Andern an uns vermag die Vision seiner Gestalt in unserm Gehirn zu erregen, nicht als bloßes Phantasma, sondern so, daß sie, leibhaftig und von der Wirklichkeit ununterscheidbar, vor uns steht. Namentlich sind es Sterbende, die dieses Vermögen äußern und daher in der Stunde ihres Todes ihren abwesenden Freunden erscheinen, sogar mehreren, an verschiedenen Orten, zugleich. Der Fall ist so oft und von so verschiedenen Seiten erzählt und beglaubigt worden, daß ich ihn unbedenklich als thatsächlich begründet nehme. Ein sehr artiges und von distinguirten Personen vertretenes Beispiel findet man in Jung-Stillings Theorie der Geisterkunde, §. 198. Zwei besonders frappante Fälle sind ferner die Geschichte der Frau Kahlow, im oben erwähnten Buch von Wenzel, S. 11, und die vom Hofprediger, im ebenfalls erwähnten Buche von Hennings, S. 329. Als ein ganz neuer mag hier folgender stehn: Vor Kurzem starb, hier in Frankfurt, im jüdischen Hospitale, bei Nacht, eine kranke Magd. Am folgenden Morgen ganz früh trafen ihre Schwester und ihre Nichte, von denen die Eine hier, die Andere eine Meile von hier wohnt, bei der Herrschaft derselben ein, um nach ihr zu fragen; weil sie ihnen beiden in der Nacht erschienen war. Der Hospitalaufseher, auf dessen Bericht diese Thatsache beruht, versicherte, daß solche Fälle öfter vorkämen. Daß eine hellsehende Somnambule, die während ihres am höchsten gesteigerten Hellsehns allemal in eine, dem Scheintode ähnliche Katalepsie verfiel, ihrer Freundin leibhaftig erschienen sei, berichtet die schon erwähnte "Geschichte der Auguste Müller in Karlsruhe", und wird nacherzählt in Kiefer's Archiv, III, 3, S. 118. eine andere absichtliche Erscheinung derselben Person, wird, aus vollkommen glaubwürdiger Quelle, mitgetheilt in Kiefer's Archiv VI, 1, S. 34. – Viel seltener hingegen ist es, daß Menschen, bei voller Gesundheit, diese Wirkung hervorzubringen vermögen: doch fehlt es auch darüber nicht an glaubwürdigen Berichten. Den ältesten giebt St. Augustinus, zwar aus zweiter, aber seiner Versicherung nach, sehr guter Hand, de civit. Die XVIII, 18, im Verfolg der Worte: Indicavit et alius se domi suae etc. Hier erscheint nämlich was der Eine träumt dem Andern im Wachen als Vision, die er für Wirklich-

keit hält; und einen diesem Fall vollkommen analogen theilt der in Amerika erscheinende Spiritualtelegraph, vom 23. September 1854 mit (ohne daß er en des Augustinus zu kennen scheint), wovon Dupotet die französische Uebersetzung giebt in seinem Traité complet de magnétisme, 3. édit., p. 561. Ein neuerer Fall der Art ist dem zuletzt angeführten Bericht in Kiefer's Archiv (VI, 1, 35) beigefügt. Eine wunderbare hierher gehörige Geschichte erzählt Jung-Stilling in seiner Theorie der Geisterkunde, §. 101, jedoch ohne Angabe der Quelle. Mehrere giebt Horst in seiner Deuteroskopie Bd. 2, Abschn. 4. Aber ein höchst merkwürdiges Beispiel der Fähigkeit zu solchem Erscheinen, noch dazu vom Vater auf den Sohn vererbt und von Beiden sehr häufig, auch ohne es zu beabsichtigen, ausgeübt, steht in Kiefer's Archiv Bd. VII, H. 3, S. 158. Doch findet sich ein älteres, ihm ganz ähnliches, in Zeibich's "Gedanken von der Erscheinung der Geister" 1776, S. 29, und wiederholt in Hennings "von Geistern und Geistersehern" S. 476. Da beide gewiß unabhängig von einander erzählt worden sind, dienen sie sich gegenseitig zur Bestätigung, in dieser so höchst wunderbaren Sache. Auch in Nasse's Zeitschrift für Anthropologie, IV, 2, S. 111, wird vom Professor Grohmann ein solcher Fall mitgetheilt. Ebenfalls in Horace Welby's signs before death, London 1825, findet man einige Beispiel von Erscheinungen lebender Menschen an Orten, wo sie nur mit ihren Gedanken gegenwärtig waren: z. B. S. 45, 88. Besonders glaubwürdig scheinen die von dem grundehrlichen Bende Bendsen, in Kiefer's Archiv, VIII, 3, S. 120, unter der Ueberschrift "Doppelgänger" erzählten Fälle dieser Art. – Den hier in Rede stehenden, im Wachen Statt findenden Visionen entsprechen im schlafenden Zustande die sympathetischen, d. h. sich in distans mittheilenden Träume, welche demnach von Zweien zur selben Zeit und ganz gleichmäßig geträumt werden. Von diesen sind die Beispiele bekannt genug: eine gute Sammlung derselben findet man in E. Fabius de somniis §. 21, und darunter ein besonders artiges, in holländischer Sprache erzähltes. Ferner steht in Kiefer's Archiv, Bd. VI, H. 2, S. 135, ein überaus merkwürdiger Aufsatz von H. M. Wesermann, der 5 Fälle berichtet, in welchen er absichtlich, durch seinen Willen, genau bestimmte Träume in Andern bewirkt hat: da nun aber, im letzten dieser Fälle, die betreffende Person noch nicht zu Bette gegangen war, hatte sie, nebst einer andern gerade bei ihr befindlichen, die beabsichtigte Erscheinung im Wachen und ganz wie ein Wirklichkeit. Folglich ist, wie in solchen Träumen, so auch in den wachenden Visionen dieser Klasse, das Traumorgan das Medium der Anschauung. Als Verbindungsglied beider Arten ist die oben erwähnte von St. Augustinus mitgetheilte Geschichte zu betrachten; sofern daselbst dem Einen im Wachen erscheint was der Andere zu thun bloß träumt. Zwei derselben ganz gleichartige Fälle findet man in Hor. Welby's signs before death, p. 266 und p. 297; letztern aus Sinclair's invisible world entnommen. Offenbar also entstehen die Visionen dieser Art, so täuschend und leibhaftig sich auch in ihnen die erscheinende Person darstellt, keineswegs mittelst Einwirkung von Außen auf die Sinne, sondern vermöge einer magischen Wirkung des Willens Desjenigen, von dem sie ausgehn, auf den Andern, also auf das Wesen an sich eines fremden Organismus, der dadurch, von innen aus, eine Veränderung erleidet, die nunmehr, auf sein Gehirn wirkend, daselbst das Bild des solchermaaßen Einwirkenden eben so lebhaft erregt, wie ein Einwirkung mittelst der, von dessen Leibe auf die Augen des Andern zurückgeworfenen Lichtstrahlen es nur irgend könnte.

Eben die hier zur Sprache gebrachten Doppelgänger, als bei welchen die erscheinende Person offenkundig am Leben, aber abwesend ist, auch in der Regel von ihrer Erscheinung nicht weiß, geben uns den richtigen Gesichtspunkt für die Erscheinung Sterbender und Gestorbener, also die eigentlichen Geistererscheinungen, an die Hand, indem sie uns lehren, daß eine unmittelbare reale Gegenwart, wie die eines auf die Sinne wirkenden Körpers, keineswegs weine nothwendige Voraussetzung derselben sei. Gerade diese Voraussetzung aber ist der Grundfehler aller früheren Auffassung der Geistererscheinungen, sowohl bei der Bestreitung, als bei der Behauptung derselben. Jene Voraussetzung beruht nun wieder darauf, daß man sich auf den Standpunkt des Spiritualismus, statt auf den des Idealismus, gestellt hatte*). Jenem nämlich gemäß ging man aus von der völlig unberechtigten Annahme, daß der Mensch aus zwei grundverschiedenen Substanzen bestehe, einer materiellen, dem Leibe, und einer immateriellen, der sogenannten Seele. Nach der im Tode eingetretenen Trennung beider sollte nun die letztere, obwohl immateriell, einfach und unausgedehnt, doch noch im Raume existiren, nämlich sich bewegen, einhergehn und dabei von außen auf die Körper und die Sinne einwirken, gerade wie ein

Körper, und demgemäß auch eben wie ein solcher sich darstellen; wobei dann freilich dieselbe reale Gegenwart im Raume, die ein von uns gesehener Körper hat, die Bedingung ist. Dieser durchaus unhaltbaren, spiritualistischen Ansicht von den Geistererscheinungen gelten alle vernünftigen Bestreitungen derselben und auch Kant's kritische Beleuchtung der Sache, welche den ersten, oder theoretischen Theil seiner "Träume eines Geisersehers, erläutert durch Träume der Metaphysik" ausmacht. Diese spiritualistische Ansicht also, die Annahme, einer immateriellen und doch lokomotiven, imgleichen, nach Weise der Materie, auf Körper, mithin auch auf die Sinne wirkenden Substanz, hat man, um eine richtige Ansicht von allem hieher gehörigen Phänomenen zu erlangen, ganz aufgegeben und, statt ihrer, den idealistischen Standpunkt zu gewinnen, von welchem aus man diese Dinge in ganz anderm Lichte erblickt und ganz andere Kriterien ihrer Möglichkeit erhält. Hiezu den Grund zu legen ist eben der Zweck gegenwärtiger Abhandlung.

9) Der letzte in unsere Betrachtung eingehende Fall nun wäre, daß die unter der vorigen Nummer beschriebene, magische Einwirkung auch noch nach dem Tode ausgeübt werden könnte, wodurch dann eine eigentliche Geistererscheinung, mittelst direkter Einwirkung, also gewissermaaßen, die wirkliche, persönliche Gegenwart eines bereits Gestorbenen, welche auch Rückwirkung auf ihn zuließe, Statt fände. Die Ableugnung a priori jeder Möglichkeit dieser Art und das ihr angemessene Verlachen der entgegengesetzten Behauptung kann auf nichts Anderem beruhen, als auf der Ueberzeugung, daß der Tod die absolute Vernichtung des Menschen sei; es wäre denn, daß sie sich auf den protestantischen Kirchenglauben stützte, nach welchem Geister darum nicht erscheinen können, weil sie, gemäß dem während der wenigen Jahre des irdischen Lebens gehegten Glauben oder Unglauben, entweder im Himmel mit seinen ewigen Freuden, oder der Hölle mit ihrer ewigen Quaal, gleich nach dem Tode, auf immer zugefallen seien, aus beiden aber nicht zu uns heraus können; daher, dem protestantischen Glauben gemäß, alle dergleichen Erscheinungen von Teufeln oder von Engeln, nicht aber von Menschengeistern, herrühren; wie dies ausführlich und gründlich auseinandergesetzt hat Lavater, de spectris, Genevae 1580, pars II, cap. 3 et 4. Die katholische Kirche hingegen, welche schon im 6. Jahrhundert, namentlich durch Gregor den Großen,

jenes absurde und empörende Dogma, sehr einsichtsvoll, durch das zwischen jene desperate Alternative eingeschobene Purgatorium verbessert hatte, läßt die Erscheinung der in diesem vorläufig wohnenden Geister, und ausnahmsweise auch anderer, zu; wie ausführlich zu ersehen aus dem bereits genannten Petrus Thyraeus, de locis infestis, pars I, cap. 3, sqq. Die Protestanten sahen durch obiges Dilemma sich sogar genöthigt, die Existenz des Teufels auf alle Weise festzuhalten, bloß weil sie zur Erklärung der nicht abzuleugnenden Geistererscheinungen seiner durchaus nicht entrathen konnten: daher wurden, noch im Anfang des vorigen Jahrhunderts, die Leugner des Teufels Adaemonistae genannt, fast mit demselben pius horror, wie noch heut zu Tage die Atheistae: und zugleich wurden demgemäß, z. B. in C. F. Romani schediasma polemicum, an dentur spectra, magi et sagae, Lips. 1703, gleich von vorn herein die Gespenster definirt als apparitiones et territiones Diaboli externae, quibus corpus, aut aliud quid in sensus incurrens sibi assumt, ut homines infestet. Vielleicht hängt sogar es hiemit zusammen, daß die Hexenprocesse, welche bekanntlich ein Bündniß mit dem Teufel voraussetzten, viel häufiger bei den Protestanten, als bei den Katholiken gewesen sind. – Jedoch von dergleichen mythologischen Ansichten absehend sagte ich oben, daß die Verwerfung a priori der Möglichkeit einer wirklichen Erscheinung Verstorbener allein auf die Ueberzeugung, daß durch den Tod das menschliche Wesen ganz und gar zu nichts werde, sich gründen könne. Denn so lange diese fehlt, ist nicht abzusehn, warum ein Wesen, das noch irgendwie existirt, nicht auch sollte irgendwie sich manifestiren und auf ein anderes, wenn gleich in einem andern Zustande befindliches, einwirken können. Daher ist es so folgerecht, wie naiv, daß Lukianos, nachdem er erzählt hat, wie Demokritos sich durch eine ihn zu schrecken veranstaltete Geistermummerei keinen Augenblick hatte irre machen lassen, hinzufügt: ((oytô bebaiôs episteye, mçden einai tas psychas eti, eksô genomenas tôn sômatôn)) (adeo persuasum habebat, nihil adhuc esse animas a corpore separatas.) Philops. 32. – Ist hingegen am Menschen, außer der Materie, noch irgend etwas Unzerstörbares; so ist wenigstens a priori nicht einzusehn, daß jenes, welches die wundervolle Erscheinung des Lebens hervorbrachte, nach Beendigung derselben, jeder Einwirkung auf die noch Lebenden durchaus unfähig seyn sollte. Die Sache wäre demnach allein a posteriori, durch die Erfahrung, zu entscheiden:

Dies aber ist um so schwieriger, als, abgesehn von allen absichtlichen und unabsichtlichen Täuschungen der Berichterstatter, selbst die wirkliche Vision, in welcher ein Verstorbener sich darstellt, gar wohl einer der bis hieher von mir aufgezählten acht Arten angehören kann; daher es vielleicht sich immer so verhalten mag. Ja, selbst in dem Falle, daß eine solche Erscheinung Dinge offenbart hat, die Keiner wissen konnte; so wäre, in Folge der, am Schluß der Nr. 7 gegebenen Auseinandersetzung, Dies vielleicht doch noch als die Form, welche die Revelation eines spontanen somnambulen Hellsehns hier angenommen hätte, auszulegen; obgleich das Vorkommen eines solchen im Wachen, oder auch nur mit vollkommener Erinnerung aus dem somnambulen Zustande, wohl nicht sicher nachzuweisen ist, sondern dergleichen Offenbarungen, so viel mir bekannt, allenfalls nur durch Träume gekommen sind. Inzwischen kann es Umstände geben, die auch eine solche Auslegung unmöglich machen. Heut zu Tage daher, wo Dinge dieser Art mit viel mehr Unbefangenheit als jemals angesehn, folglich auch dreister mitgetheilt und besprochen werden, dürfen wir wohl hoffen, über diesen Gegenstand entscheidende Erfahrungsaufschlüsse zu erhalten.

Manche Geistergeschichten sind allerdings so beschaffen, daß jede anderartige Auslegung große Schwierigkeit hat; sobald man sie nicht für gänzlich erlogen hält. Gegen dies Letztere aber spricht in vielen Fällen theils der Charakter des ursprünglichen Erzählers, theils das Gepräge der Redlichkeit und Aufrichtigkeit, welches seine Darstellung trägt, mehr als Alles jedoch die vollkommene Aehnlichkeit in dem ganz eigenthümlichen Hergang und Beschaffenheit der angeblichen Erscheinungen, so weit auseinander auch die Zeiten und Länder liegen mögen, aus denen die Berichte stammen. Dieses wird am Auffallendesten, wann es ganz besondere Umstände betrifft, welche erst in neuerer Zeit, in Folge des magnetischen Somnambulismus und der genaueren Beobachtung aller dieser Dinge, als bie Visionen bisweilen Statt findend, erkannt worden sind. Ein Beispiel dieser Art ist anzutreffen in der höchst verfänglichen Geistergeschichte, vom Jahre 1697, die Brierre de Boismont in seiner Observ. 120 erzählt: es ist der Umstand, daß dem Jünglinge der Geist seines Freundes, obwohl er _ Stunden mit ihm sprach, immer nur seiner obern Hälfte nach sichtbar war. Dieses theilweise Erscheinen menschlicher Gestalten nämlich hat sich in unserer Zeit bestätigt, als eine bei Visionen solcher Art bisweilen vorkommende Eigenthümlichkeit; daher auch Brierre, S. 454 und 474 seines Buches, dieselbe ohne Beziehung auf jene Geschichte, als ein nicht seltenes Phänomen anführt. Auch Kiefer (Archiv, III, 2, 139) berichtet den selben Umstand vom Knaben Arst, schreibt ihn jedoch dem vorgeblichen Sehn mit der Nasenspitze zu. Demnach liefert dieser Umstand, in der oben erwähnten Geschichte, den Beweise, daß jener Jüngling die Erscheinung wenigstens nicht erlogen hatte: dann aber ist es schwer dieselbe anders, als eben aus der ihm früher versprochenen und jetzt geleisteten Einwirkung seines am Tage vorher, in einer fernen Gegend ertrunkenen Freundes zu erklären. – Ein anderer Umstand der besagten Art ist das Verschwinden der Erscheinungen, sobald man die Aufmerksamkeit absichtlich auf sie heftet. Dies liegt nämlich schon in der bereits oben erwähnten Stelle des Pausanias, über die hörbaren Erscheinungen auf dem Schlachtfelde bei Marathon, welche nur von den zufällig dort Anwesenden, nicht aber von den absichtlich dazu Hingegangenen vernommen wurden. Analoge Beobachtungen aus neuester Zeit finden wir an mehreren Stellen der Seherin von Prevorst (z. B. Bd. 2, S. 10; und S. 38), wo es daraus erklärt wird, daß, was durch das Gangliensystem wahrgenommen wurde, vom Gehirn sogleich wieder weggestritten wird. Meiner Hypothese zufolge würde es aus der plötzlichen Umkehrung der Richtung der Vibration der Gehirnfibern zu erklären seyn. – Beiläufig will ich hier ein sehr auffallende Uebereinstimmung jener Art bemerklich machen: Photius nämlich in seinem Artikel Damscius sagt: ((gynç iera, theomoiran echoysa physin paralogotaçnÿ ydôr gar egcheoysa akraiphyes potçpiô tini tôn yalinôn, eôra kata to ydatos eisô toy potçrioy ta phasmata tôn esomenôn pragmatôn, kai proylegen apo tçs opseôs ayta, aper emellem esethai pantôsÿ ç de peira toy pragmatos oyk elathen çmas.)) Genau das Selbe, so unbegreiflich es ist, wird von der Seherin von Prevorst berichtet, S. 87 der 3. Aufl. – Der Charakter und Typus der Geistererscheinungen ist ein so fest bestimmter und eigenthümlicher, daß der Geübte beim Lesen einer solchen Geschichte beurtheilen kann, ob sie eine erfundene, oder auch auf optischer Täuschung beruhende, oder aber eine wirkliche Vision gewesen sie. Es ist wünschenswerth und steht zu hoffen, daß wir bald eine Sammlung Chinesischer Gespenstergeschichten erhalten mögen, um zu sehn, ob sie nicht auch, im Wesentlichen, ganz den selben Typus und Charakter wie die unsrigen, tragen und sogar in den Nebenumständen und Einzelnheiten eine große Uebereinstimmung zeigen; welches alsdann, bei so durchgängiger Grundverschiedenheit der Sitten und Glaubenslehren, eine starke Beglaubigung des in Rede stehenden Phänomens überhaupt abgeben würde. Daß die Chinesen von der Erscheinung eines Verstorbenen und den von ihm ausgehenden Mittheilungen ganz dieselbe Vorstellung haben, wie wir, ist ersichtlich aus der, wenn auch dort nur fingirten Geistererscheinung in der Chinesischen Novelle Hing-Lo-Tu, ou la peinture mystérieuse, übersetzt von Stanislas Jülien, und mitgetheilt in dessen Orphelin de la Chine, accompagné de Nouvelles et de poésies, 1834. – Ebenfalls mache ich in dieser Hinsicht darauf aufmerksam, daß die meisten der die Charakteristik des Geisterspuks ausmachenden Phänomene, wie sie in den oben angeführten Schriften von Hennings, Wenzel, Teller u. s. w., sodann später von Just. Kerner, Horst und vielen andern beschrieben werden, sich schon ganz eben so finden in sehr alten Büchern, z. B. in dreien, mir eben vorliegenden, aus dem 16. Jahrhundert, nämlich Lavater de spectris, Thyraeus de locis infestis, und de spectris et apparitionibus Libri duo, Eisleben 1597, anonym, 500 Seiten in 4.: dergleichen Phänomene sind z. B. das Klopfen, das scheinbare Versuchen verschlossene Thüren zu forciren, auch solche, die gar nicht verschlossen sind, der Knall eines sehr schweren, im Hause herabfallenden Gewichtes, das lärmende Umherwerfen alles Geräthes in der Küche, oder des Holzes auf dem Boden, welches nachher sich in völliger Ruhe und Ordnung vorfindet, das Zuschlagen von Weinfässern, das deutliche Vernageln eines Sarges, wann ein Hausgenosse sterben wird, die schlürfenden, oder tappenden Tritte im finstern Zimmer, das Zupfen an der Bettdecke, der Modergeruch, das Verlangen erscheinender Geister nach Gebet, u. dgl. m., während nicht zu vermuthen steht, daß die meistens sehr illitteraten Urheber der modernen Aussagen jene alten, seltenen, lateinischen Schriften gelesen hätten. Unter den Argumenten für die Wirklichkeit der Geistererscheinungen verdient auch der Ton des Unglaubens, in welchem die gelehrten Erzähler aus zweiter Hand sie vortragen, erwähnt zu werden; weil er, in der Regel, das Gepräge des Zwanges, der Affektation und Heuchelei so deutlich trägt, daß der dahinter steckende heimliche Glaube durchschimmert. – Bei dieser Gelegenheit will ich auf eine Geistergeschichte neuester Zeit aufmerksam machen, welche verdient, genauer untersucht und besser gekannt zu werden, als durch die aus schlechter Feder geflossene Darstellung derselben in den Blättern aus Prevorst, 8. Sammlung S. 166; nämlich theils weil die Aussagen darüber gerichtlich protokollirt sind, und theils wegen des höchst merkwürdigen Umstandes, daß der erscheinende Geist, mehrere Nächte hindurch, von der Person, zu der er in Beziehung stand, und vor deren Bette er sich zeigte, nicht gesehen wurde, weil sie schlief, sondern bloß von zwei Mitgefangenen und erst späterhin auch von ihr selbst, die aber dann so sehr dadurch erschüttert wurde, daß sie, aus freien Stücken, sieben Vergiftungen eingestand. Der Bericht steht in einer Broschüre: "Verhandlungen des Assisenhofes in Mainz über die Giftmörderin Margaretha Jäger." Mainz 1835. – Die wörtliche Protokoll-Aussage ist abgedruckt in einem Frankfurter Tageblatt "Didaskalia", vom 5. Juli 1835. –

Ich habe aber jetzt das Metaphysische der Sache in Betracht zu nehmen; da über das Physische, hier Physiologische, bereits oben das Nöthige beigebracht worden. – Was eigentlich bei allen Visionen, d. h. Anschauungen durch Aufgehn des Traumorgans im Wachen, unser Interesse erregt, ist die etwanige Beziehung derselben auf etwas empirisch Objektives, d. h. außer uns Gelegenes und von uns Verschiedenes: denn erst durch diese erhalten sie eine Analogie und gleiche Dignität mit unsern gewöhnlichen, wachen Sinnesanschauungen. Daher sind uns, von den im Obigen aufgezählten, neun möglichen Ursachen solcher Visionen, nicht die drei ersten, als welche auf bloße Halluzinationen hinauslaufen, interessant, wohl aber die folgenden. Denn die Perplexität, welche der Betrachtung der Vision und Geistererscheinung anhängt, entspringt eigentlich daraus, daß bei diesen Wahrnehmungen die Gränze zwischen Subjekt und Objekt, welche die erste Bedingung aller Erkenntnis ist, zweifelhaft, undeutlich, wohl gar verwischt wird. "Ist Das ausser, oder in mir?" frägt, – wie schon Macbeth, als ihm ein Dolch vorschwebt, – Jeder, dem eine Vision solcher Art nicht die Besonnenheit benimmt. Hat Einer allein ein Gespenst gesehen, so will man es für bloß subjektiv erklären, so objektiv es auch dastand; sahen, oder hörten es hingegen Zwei oder Mehrere, so wird ihm sofort die Realität eines Körpers beigelegt; weil wir nämlich empirisch nur eine Ursache kennen, vermöge welcher mehrere Menschen nothwendig die selbe anschauliche Vorstellung zu gleicher Zeit haben müssen, und diese ist, daß ein und derselbe Körper, das Licht nach allen Seiten reflektirend, ihrer aller Augen affizirt. Allein außer dieser sehr mechanischen könnte es wohl noch andere Ursachen des gleichzeitigen Entstehens derselben anschaulichen Vorstellung in verschiedenen Menschen geben. Wie bisweilen Zwei den gleichen Traum gleichzeitig träumen (siehe oben p. 100), also durch das Traumorgan, schlafend, das Selbe wahrnehmen, so kann auch im Wachen das Traumorgan in Zweien (oder Mehreren) in die gleiche Thätigkeit gerathen, wodurch dann ein Gespenst, von ihnen zugleich gesehn, sich objektiv, wie ein Körper, darstellt. Ueberhaupt aber ist der Unterschied zwischen subjektiv und objektiv im Grunde kein absoluter, sondern immer noch relativ: denn alles Objektive ist doch insofern, als es immer doch durch ein Subjekt überhaupt bedingt, ja eigentlich nur in diesem vorhanden ist, wieder subjektiv; weshalb eben in letzter Instanz der Idealismus Recht behält. Man glaubt meistens die Realität einer Geistererscheinung umgestoßen zu haben, wenn man nachweiset, daß sie subjektiv bedingt war: aber welches Gewicht kann dieses Argument bei Dem haben, der aus Kant's Lehre weiß, wie stark der Antheil subjektiver Bedingungen an der Erscheinung der Körperwelt ist, wie nämlich diese, sammt dem Raum, darin sie dasteht, und der Zeit, darin sie sich bewegt, und der Kausalität, darin das Wesen der Materie besteht, also ihrer ganzen Form nach, bloß ein Produkt der Gehirnfunktionen ist, nachdem solche durch einen Reiz in den Nerven der Sinnesorgane angeregt worden; so daß dabei nur noch die Frage nach dem Ding an sich übrig bleibt. – Die materielle Wirklichkeit der auf unsere Sinne von außen wirkenden Körper kommt freilich der Geistererscheinung so wenig zu, wie dem Traum, durch dessen Organ sie ja wahrgenommen wird, daher man sie immerhin einen Traum im Wachen (a waking dream, insomnium sine somno; vergl. Sonntag, Sicilimentorum academicorum Fasciculus de Spectris et Omnibus morientium, Altdorfii 1716, p. 11) nennen kann: allein im Grunde büßt sie dadurch ihre Realität nicht ein. Allerdings ist sie, wie der Traum, eine bloße Vorstellung und als solche nur im erkennenden Bewußtseyn vorhanden: aber das Selbe läßt sich von unserer realen Außenwelt behaupten; da auch diese zunächst wie gesagt, ein bloßes, durch Nervenreiz erregtes und den Gesetzen subjektiver Funktionen (Formen der reinen Sinnlichkeit und des Verstandes) gemäß entstandenes Gehirnphänomen ist. Verlangt man eine anderweitige Realität derselben; so ist dies schon die Frage nach dem Ding an sich, welche von Locke aufgeworfen und voreilig erledigt, dann aber von Kant in ihrer ganzen Schwierigkeit nachgewiesen, ja als unlösbar aufgegeben, von mir jedoch, wiewohl unter einer gewissen Restriktion beantwortet worden ist. Wie aber jedenfalls das Ding an sich, welches in der Erscheinung einer Außenwelt sich manifestirt, toto genere von ihr verschieden ist; so mag es sich mit Dem, was in der Geistererscheinung sich manifestirt, analog verhalten, ja, was in Beiden sich kund giebt vielleicht am Ende das Selbe seyn, nämlich Wille. Dieser Ansicht entsprechend finden wir, daß es, hinsichtlich der objektiven Realität, wie der Körperwelt, so auch der Geistererscheinungen, einen Realismus, einen Idealismus und einen Skepticismus giebt, endlich aber auch einen Kriticismus, in dessen Interesse wir eben jetzt beschäftigt sind. Ja, eine ausdrückliche Bestätigung derselben Ansicht giebt sogar folgender Ausspruch der berühmtesten und am sorgfältigsten beobachteten Geisterseherin, nämlich der von Prevorst (Bd. 1, S. 12): "ob die Geister sich nur unter dieser Gestalt sichtbar machen können, oder ob mein Auge sie nur unter dieser Gestalt sehn und mein Sinn sie nur so auffassen kann; ob sie für ein geistigeres Auge nicht geistiger wären, Das kann ich nicht mit Bestimmtheit behaupten, aber ahnde es fast." Ist dies nicht ganz analog der Kantischen Lehre: "was die Dinge an sich selbst seyn mögen, wissen wir nicht, sondern erkennen nur ihre Erscheinungen" –?

Die ganze Dämonologie und Geisterkunde des Althertums und Mittelalters, wie auch ihre damit zusammenhängende Ansicht der Magie, hat zur Grundlage den noch unangefochten dastehenden Realismus, der endlich durch Kartesius erschüttert wurde. Erst der in der neueren Zeit allmälig herangereifte Idealismus führt uns auf den Standpunkt, von welchem aus wir über alle jene Dinge, also auch über Visionen und Geistererscheinungen, ein richtiges Urtheil erlangen können. Zugleich hat andrerseits, auf dem empirischen Wege, der animalischen Magnetismus die zu allen frühern Zeiten in Dunkel gehüllte und sich furchtsam versteckende Magie an das Licht des Tages gezogen und eben so die Geistererscheinungen zum Gegenstand nüchtern forschender Beobachtung und unbefangener Beurtheilung gemacht. Das Letzte in allen Dingen fällt immer der Philosophie anheim, und ich hoffe, daß die meinige, wie sie aus der alleinigen Realität und Allmacht des Willens in der Natur die Magie wenigstens als möglich denkbar und, wenn vorhanden, als begreiflich dargestellt hat*), so auch, durch entschiedene Ueberantwortung der objektiven Welt an die Idealität, selbst über Visionen und Geistererscheinungen einer richtigeren Ansicht den Weg gebahnt zu haben.

Der entschiedene Unglaube, mit welchem von jedem denkenden Menschen einerseits die Thatsachen des Hellsehns, andrerseits des magischen, vulgo magnetischen Einflusses zuerst vernommen werden, und der nur spät der eigenen Erfahrung, oder hunderten glaubwürdigster Zeugnisse weicht, beruht auf einem und demselben Grunde: nämlich darauf, daß alle Beide den uns a priori bewußten Gesetzen des Raumes, der Zeit und der Kausalität, wie sie in ihrem Komplex den Hergang möglicher Erfahrung bestimmen, zuwiderlaufen, – das Hellsehn mit seinem Erkennen in distans, die Magie mit ihrem Wirken in distans. Daher wird, bei der Erzählung dahin gehöriger Thatsachen, nicht bloß gesagt, "es ist nicht wahr," sondern "es ist nicht möglich", (a non posse ad non esse). Dieser Widerstreit beruht nun darauf, ja, liefert sogar wieder einen Beweis dafür, daß jene von uns a priori erkannten Gesetze keine schlechthin unbedingte, keine scholastische veritates aeternae, keine Bestimmung der Dinge an sich sind; sondern aus bloßen Anschauungs- und Verstandesformen, folglich aus Gehirnfunktionen entspringen. Der aus diesen bestehende Intellekt selbst aber ist bloß zum Behuf des Verfolgens und Erreichens der Zwecke individueller Willenserscheinungen, nicht aber des Auffassens der absoluten Beschaffenheit der Dinge an sich selbst entstanden; weshalb er, wie ich (Welt als Wille und Vorstellung, Bd. 2. S. 195, 309, 322 fg.) darge-than habe, eine bloße Flächenkraft ist, die wesentlich und überall nur die Schaale, nie das Innere der Dinge trifft. Diese Stellen lese nach wer recht verstehn will was ich hier meyne. Gelingt es uns nun aber ein Mal, weil doch auch wir selbst um innern Wesen der Welt gehören, mit Umgehung des principii individuationis, den Dingen von einer ganz andern Seite und auf einem ganz andern Wege, nämlich geradezu von innen, satt bloß von aussen, beizukommen, und so uns derselben, im Hellsehn erkennend, in der Magie wirkend, zu bemächtigen; dann entsteht, eben für jene cerebrale Erkenntniß, ein Resultat, welches auf ihrem eigenen Wege zu erreichen wirklich unmöglich war; daher sie darauf besteht, es in Abrede zu stellen; denn eine Leistung solcher Art ist nur metaphysisch begreiflich, physisch ist sie eine Unmöglichkeit. Diesem zufolge ist andrerseits das Hellsehn eine Bestätigung der Kantischen Lehre von der Idealität des Raumes, der Zeit und der Kausalität, die Magie aber überdies auch der meinigen von der alleinigen Realität des Willens, als des Kerns aller Dinge: hiedurch nun wieder wird auch noch der Bakonische Ausspruch, daß die Magie die praktische Metaphysik sei, bestätigt.

Erinnern wir uns jetzt nochmals der weiter oben gegebenen Auseinandersetzungen der daselbst aufgestellten physiologischen Hypothese, welchen zufolge sämmtliche durch das Traumorgen vollzogene Anschauungen von der gewöhnlichen, den wachen Zustand begründenden, Wahrnehmung sich dadurch unterscheiden, daß bei der letzteren das Gehirn von außen, durch eine physische Einwirkung auf die Sinne erregt wird, wodurch es zugleich die Data erhält, nach welchen es, mittelst Anwendung seiner Funktionen, nämlich Kausalität, Zeit und Raum, die empirische Anschauung zu Stande bringt; während hingegen bei der Anschauung durch das Traumorgan die Erregung vom Innern des Organismus ausgeht und vom plastischen Nervensystem aus sich in das Gehirn fortpflanzt, welches dadurch zu einer der erstern ganz ähnlichen Anschauung veranlaßt wird, bei der jedoch, weil die Anregung dazu von der entgegengesetzten Seite kommt, also auch in entgegengesetzter Richtung geschieht, anzunehmen ist, daß auch die Schwingungen, oder überhaupt innern Bewegungen der Gehirnfibern, in umgekehrter Richtung erfolgen und demnach erst am Ende sich auf die Sinnesnerven erstrecken, welche also hier das zuletzt in Thätigkeit Versetzte sind, statt daß sie, bei der gewöhnlichen Anschauung, zuallererst erregt werden. Soll nun, – wie bei Wahrträumen, prophetischen Visionen und Geistererscheinungen angenommen wird, – eine Anschauung dieser Art dennoch sich auf etwas wirklich Aeußeres, empirisch Vorhandenes, also vom Subjekt ganz Unabhängiges beziehn, welches demnach in sofern durch sie erkannt würde; so muß dasselbe mit dem Innern des Organismus, von welchem aus die Anschauung erregt wird, in irgend eine Kommunikation getreten seyn. Dennoch läßt eine solche sich empirisch durchaus nicht nachweisen, ja, da sie, vorausgesetzterweise, nicht eine räumliche, von außen kommende seyn soll, so ist sie empirisch, d. h. physisch nicht ein Mal denkbar. Wenn sie also doch Statt hat; so muß dies nur metaphysisch zu verstehn und sie demnach zu denken seyn als eine unabhängig von der Erscheinung und allen ihren Gesetzen, im Dinge an sich, welches als das innere Wesen der Dinge, der Erscheinung derselben überall zum Grunde liegt, vor sich gehende und nachher an der Erscheinung wahrnehmbare: – eine solche nun ist es, die man unter dem Namen einer magischen Einwirkung versteht.

Frägt man, welches der Weg der magischen Wirkung, dergleichen uns in der sympathetischen Kur, wie auch in dem Einfluß des entfernten Magnetiseurs gegeben ist, sei; so sage ich: es ist der Weg, den das Insekt zurücklegt, das hier stirbt und aus jedem Ei, welches überwintert hat, wieder in voller Lebendigkeit hervorgeht. Es ist der Weg, auf welchem es geschieht, daß, in einer gegebenen Volksmenge, nach außerordentlicher Vermehrung der Sterbefälle, auch die Geburten sich vermehren. Es ist der Weg, der nicht am Gängelbande der Kausalität durch Zeit und Raum geht. Es ist der Weg durch das Ding an sich.

Wir nun aber wissen aus meiner Philosophie, daß dieses Ding an sich, also auch das innere Wesen des Menschen sein Wille ist, und daß der ganze Organismus eines Jeden, wie er sich empirisch darstellt, bloß die Objektivation desselben, näher, das im Gehirn entstehende Bild dieses seines Willens ist. Der Wille als Ding an sich liegt aber außerhalb des principii individuationis (Zeit und Raum), durch welches die Individuen gesondert sind: die durch dasselbe entstehende Schranken sind also für ihn nicht da. Hieraus erklärt sich, so weit, wenn wir dieses Gebiet betreten, noch unsere Einsicht reichen kann, die Möglichkeit unmittelbarer Einwirkung der Individuen auf einander, unabhängig von ihrer Nähe oder Ferne im Raum, welche sich in einigen der oben aufgezählten neun Arten der wachenden Anschauung durch das Traumorgan, und öfter in der schlafenden, faktisch kund giebt; und ebenso erklärt sich, aus dieser unmittelbaren, im Wesen an sich der Dinge gegründeten Kommunikation, die Möglichkeit des Wahrträumens, des Bewußtwerdens der nächsten Umgebung im Somnambulismus und endlich die des Hellsehns. Indem der Wille des Einen, durch keine Schranken der Individuation gehemmt, also unmittelbar und in distans, auf den

Willen des Andern wirkt, hat er eben damit auf den Organismus desselben, als welcher nur dessen räumlich anschauender Wille selbst ist, eingewirkt. Wenn nun eine solche, auf diesem Wege, das Innere des Organismus treffende Einwirkung sich auf dessen Lenker und Vorstand, das Gangliensystem, erstreckt, und dann von diesem aus, mittelst Durchbrechung der Isolation, sich bis ins Gehirn fortpflanzt: so kann sie von diesem doch immer nur auf Gehirnweise verarbeitet werden, d. h. sie wird Anschauungen hervorbringen, denen vollkommen gleich, welche auf äußere Anregung der Sinne entstehn, also Bilder im Raum, nach dessen drei Dimensionen, mit Bewegung in der Zeit, gemäß dem Gesetze der Kausalität u. s. w.: denn die einen wie die andern sind eben Produkte der anschauenden Gehirnfunktion, und das Gehirn kann immer nur seine eigene Sprache reden. Inzwischen wird die Einwirkung jener Art noch immer den Charakter, das Gepräge, ihres Ursprungs, also Desjenigen, von dem sie ausgegangen ist, an sich tragen und dieses demnach der Gestalt, die sie, nach so weitem Umwege, im Gehirn hervorruft, aufdrücken, so verschieden ihr Wesen an sich auch von dieser seyn mag. Wirkt z. B. ein Sterbender durch starke Sehnsucht, oder sonstige Willensintention, auf einen Entfernten; so wird, wenn die Einwirkung sehr energisch ist, die Gestalt desselben sich im Gehirn des Andern darstellen, d. h. ganz so wie ein Körper in der Wirklichkeit ihm erscheinen. Offenbar aber wird eine solche, durch das Innere des Organismus geschehende Einwirkung auf ein fremdes Gehirn leichter, wenn dieses schläft, als wenn es wacht, Statt haben; weil im erstern Fall die Fibern desselben gar keine, im letztern eine der, die sie jetzt annehmen sollen, entgegengesetzte Bewegung haben. Demnach wird eine schwächere Einwirkung der in Rede stehenden Art sich bloß im Schlafe kund geben können, durch Erregung von Träumen; im Wachen aber allenfalls Gedanken, Empfindungen und Unruhe erregen; jedoch Alles immer noch ihrem Ursprunge gemäß du dessen Gepräge tragend: daher kann sie z. B. einen unerklärlichen, aber unwiderstehlichen Trieb oder Zug, Den, von dem sie ausgegangen ist, aufzusuchen, hervorbringen; und eben so, umgekehrt, Den, der kommen will, durch den Wunsch ihn nicht zu sehn, noch von der Schwelle des Hauses wieder zurückscheuchen, selbst wenn er gerufen und bestellt war (experto crede Ruperto). Auf dieser Einwirkung, deren Grund die Identität des Dinges an sich in allen Erscheinungen ist, beruht auch die faktisch erkannte Konagiosität der Visionen, des zweiten Gesichts und des Geistersehns, welche eine Wirkung hervorbringt, die im Resultat derjenigen gleich kommt, welche ein körperliches Objekt auf die Sinne mehrerer Individuen zugleich ausübt, indem auch in Folge jener Mehrere zugleich das Selbe sehn, welches alsdan sich ganz objektiv konstituirt. Auf derselben direkten Einwirkung beruht auch die oft bemerkte unmittelbare Mittheilung der Gedanken, die so gewiß ist, daß ich Dem, der ein wichtiges und gefährliches Geheimnis zu bewahren hat, anrathe, mit Dem, der es nicht wissen darf, über die ganze Angelegenheit, auf die es sich bezieht, niemals zu sprechen; weil er, während Dessen, das wahre Sachverhältnis unvermeidlich in Gedanken haben müßte, wodurch dem Andern plötzlich ein Licht aufgehn kann; indem es eine Mittheilung giebt, vor der weder Verschwiegenheit, noch Verstellung schützt. Goethe erzählt (in den Erläuterungen zum W. O. Divan, Rubrik "Blumenwechsel"), daß zwei liebende Paare, auf einer Luftfahrt begriffen, einander Charaden aufgaben: "gar bald wird nicht nur eine jede, wie sie vom Munde kommt, sogleich errathen, sondern zuletzt sogar das Wort, das der andere denkt und eben zum Worträthsel umbilden will, durch die unmittelbare Divination erkannt und ausgesprochen." – Meine schöne Wirthin in Mailand, vor langen Jahren, fragte mich, in einem sehr animirten Gespräche, an der Abendtafel, welches die drei Nummern wären, die sie als Terne in der Lotterie belegt hatte? Ohne mich zu besinnen, nannte ich die erste und die zweite richtig, dann aber, durch ihren Jubel stutzig geworden, gleichsam aufgeweckt und nun reflektirend, die dritte falsch. Der höchste Grad einer solchen Einwirkung findet bekanntlich bei sehr hellsehenden Somnambulen Statt, die dem sie befragenden seine entfernte Heimath, seine Wohnung daselbst, oder sonst entfernte Länder, die er bereist hat, genau und richtig beschreiben. Das Ding an sich ist in allen Wesen dasselbe, und der Zustand des Hellsehns befähigt den darin Befindlichen, mit meinem Gehirn zu denken, statt mit dem seinigen, welches tief schläft.

Da nun andrerseits für uns fest steht, daß der Wille, so fern er Ding an sich ist, durch den Tod nicht zerstört und vernichtet wird; so läßt sich a priori nicht geradezu die Möglichkeit ableugnen, daß eine magische Wirkung der oben beschriebenen Art nicht auch sollte von einem bereits Gestorbenen ausgehn können. Eben so wenig jedoch läßt eine solche Möglichkeit sich deutlich absehn und daher positiv behaupten; indem sie, wenn auch im Allgemeinen nicht undenkbar, doch, bei näherer Betrachtung, großen Schwierigkeiten unterworfen ist, die ich jetzt kurz angeben will. – Da wir das im Tode unversehrt gebliebene innere Wesen des Menschen uns zu denken haben als außer der Zeit und dem Raume exisirend; so könnte eine Einwirkung desselben auf uns Lebende nur unter sehr vielen Vermittlungen, die alle auf unsrer Seite lägen, Statt finden; so daß schwer auszumachen seyn würe, wie viel davon wirklich von dem Verstorbenen ausgegangen wäre. Denn eine derartige Einwirkung hätte nicht nur zuvörderst in die Anschauungsformen des sie wahrnehmenden Subjekts einzugehn, mithin sich darzustellen als ein Räumliches, Zeitliches und nach dem Kausalgesetz materiell Wirkendes; sondern sie müßte überdies auch noch in den Zusammenhang seines begrifflichen Denkens treten, in dem er sonst nicht wissen würde, was er daraus zu machen hat, der ihm Erscheinende aber nicht bloß gesehn, sondern auch in seinen Absichten und den diesen entsprechenden Einwirkungen einigermaaßen verstanden werden will; demnach hätte dieser sich auch noch den beschränkten Ansichten und Vorurtheilen des Subjekts, betreffend das Ganze der Dinge und der Welt, zu fügen und anzuschließen. Aber noch mehr! Nicht allein zufolge meiner ganzen bisherigen Darstellung werden die Geister durch das Traumorgan und in Folge einer von innen aus an das Gehirn gelangenden Einwirkung statt der gewöhnlichen von außen durch die Sinne, gesehn; sondern auch der die objektive Realität der erscheinenden Geister fest vertretende J. Kerner sagt das Selbe, in seiner oft wiederholten Behauptung, daß die Geister "nicht mit dem leiblichen, sondern mit dem geistigen Auge gesehen werden." Obwohl demnach durch eine innere, aus dem Wesen an sich der Dinge entsprungene, also magische, Einwirkung auf den Organismus, welche sich mittelst des Gangliensystems bis zum Gehirn fortpflanzt, zu Wege gebracht, wird die Geistererscheinung doch aufgefaßt nach Weise der von außen, mittelst Licht, Luft, Schall, Stoß und Duft auf uns wirkenden Gegenstände. Welche Veränderung müßte nicht die angenommene Einwirkung eines Gestorbenen bei einer solchen Uebersetzung, einem so totalen Metaschematismus, zu erleiden haben! Wie aber läßt sich nun gar noch annehmen, daß dabei und auf solchen Umwegen noch ein wirklicher Dialog mit Rede und Gegenrede Statt haben könne; wie er doch of berichtet wird? – Beiläufig sei hier noch angemerkt, daß das Lächerliche, welches, so gut wie andrerseits das Grausenhafte, jeder Behauptung einer gehabten Erscheinung dieser Art, mehr oder weniger, anklebt und wegen dessen man zaudert sie mitzutheilen, daraus entsteht, daß der Erzähler spricht wie von einer Wahrnehmung durch die äußern Sinne, welche aber gewiß nicht vorhanden war, schon weil sonst ein Geist stets von allen Anwesenden auf gleiche Weise gesehn und vernommen werden müßte; eine in Folge innerer Einwirkung entstandene, bloß scheinbar äußere Wahrnehmung aber von der bloßen Phantasterei zu unterscheiden, nicht die Sache eines Jeden ist. – Dies also wären, bei der Annahme einer wirklichen Geistererscheinung, die auf der Seite des sie wahrnehmenden Subjekts liegenden Schwierigkeiten. Andere wieder liegen auf der Seite des angenommenermaaßen einwirkenden Verstorbenen. Meiner Lehre zufolge hat allein der Wille eine metaphysische Wesenheit, vermöge welcher er durch den Tod unzerstörbar ist; der Intellekt hingegen ist, als Funktion eines körperlichen Organs, bloß physisch und geht mit demselben unter. Daher ist die Art und Weise, wie ein Verstorbener von den Lebenden noch Kenntniß erlangen sollte, um solcher gemäß auf sie zu wirken, höchst problematisch. Nicht weniger ist es die Art dieses Wirkens selbst; da er mit der Leiblichkeit alle gewöhnlichen, s. i. physischen, Mittel der Einwirkung auf Andere, wie auf die Körperwelt überhaupt verloren hat. Wollten wir dennoch den von so vielen und so verschiedenen Seiten erzählten und betheuerten Vorfällen, die entschieden eine objektive Einwirkung Verstorbener anzeigen, einige Wahrheit einräumen; so müßten wir uns die Sache so erklären, daß in solchen Fällen der Wille des Verstorbenen noch immer leidenschaftlich auf die irdischen Angelegenheiten gerichtet wäre und nun, in Ermangelung aller physischen Mittel zur Einwirkung auf dieselben, jetzt seine Zuflucht nähme zu der ihm in seiner ursprünglichen, also metaphysischen Eigenschaft, mithin im Tode, wie im Leben, zustehenden magischen Gewalt, die ich oben berührt und über welche ich im "Willen in der Natur", Rubrik "animalischer Magnetismus und Magie" meine Gedanken ausführlicher dargelegt habe. Nur vermöge dieser magischen Gewalt also könnte er allenfalls selbst noch jetzt was er möglicherweise auch im Leben gekonnt, nämlich wirkliche actio in distans, ohne körperliche Beihülfe, ausüben und demnach auf Andere direkt, ohne alle physische Vermittlung, einwirken, indem er ihren Organismus in der Art affizirte, daß ihrem Gehirne sich Gestalten anschaulich darstellen müßten, wie sie sonst nur in Folge äußerer Einwirkung auf die Sinne von demselben producirt werden. Ja, da diese Einwirkung nur als eine magische, d. h. als durch das innere, in Allem identische Wesen der dinge, also durch die natura naturans, zu vollbringende denkbar ist; so könnten wir, wenn die Ehre achtungswerther Berichterstatter dadurch allein zu retten wäre, allenfalls noch den verfänglichen Schritt wagen, diese Einwirkung nicht auf menschliche Organismen zu beschränken, sondern sie auch auf leblose, also unorganische Körper, die demnach durch sie bewegt werden könnten, als nicht durchaus und schlechterdings unmöglich einzuräumen; um nämlich der Nothwendigkeit zu entgehn, gewisse hochbetheuerte Geschichten, der Art wie die des Hofrath Hahn in der Seherin von Prevorst, weil diese keineswegs isoliert dasteht, sondern manches ihr ganz ähnliche Gegenstück in älteren Schriften, ja, auch in neueren Relationen, aufzuweisen hat, geradezu der Lüge zu bezüchtigen. Allerdings aber gränzt hier die Sache ans Absurde: denn selbst die magische Wirkungsweise, soweit sie durch den animalischen Magnetismus, also legitim beglaubigt wird, bietet bis jetzt für eine solche Wirkung allenfalls nur ein schwaches und auch noch zu bezweifelndes Analogon dar, nämlich die in den "Mittheilungen aus dem Schlafleben der Auguste K..... zu Dresden" 1843, S. 115 und 318 behauptete Thatsache, daß es dieser Somnambule wiederholt gelungen sei, durch ihren bloßen Willen, ohne allen Gebrauch der Hände, die Magnetnadel abzulenken.

Die hier dargelegte Ansicht des in Rede stehenden Problems erklärt zuvörderst, warum, wenn wir eine wirkliche Einwirkung Gestorbener auf die Welt der Lebenden auch als möglich zugeben wollen, eine solche doch nur überaus selten und ganz ausnahmsweise Statt haben könnte; weil ihre Möglichkeit an alle die angegebenen, nicht leicht zusammen eintretenden Bedingungen geknüpft wäre. Ferner geht aus dieser Ansicht hervor, daß, wenn wir die in der Seherin von Prevorst und den ihr verwandten Kernerschen Schriften als den ausführlichsten und beglaubigtesten, gedruckt vorliegenden Geisterseherberichten, erzählten Thatsachen nicht entweder für rein subjektiv, bloße aegri somnia, erklären, noch auch uns mit der oben dargelegten Annahme einer retrospective second sight, zu deren dumb shew (stummer Prozession) die Seherin aus eigenen Mitteln den Dialog gefügt hätte, begnügen, sondern eine wirkliche Einwirkung Gestorbener der Sache zum Grunde legen wollen; dennoch die so empörend absurde, ja niederträchtig dumme Weltordnung, die aus den Angaben und dem Benehmen dieser Geister hervorgienge, dadurch keinen objektiv realen Grund gewinnen, sondern ganz auf Rechnung der, wenn auch durch eine von außerhalb der Natur kommende Einwirkung rege gemachten, dennoch nothwendig sich selber treu bleibenden Anschauungs- und Denkthätigkeit der höchst unwissenden, gänzlich in ihren Katechismusglauben eingelebten Seherin zu setzen seyn würde.

Jedenfalls ist eine Geistererscheinung zunächst und unmittelbar nichts weiter, als eine Vision im Gehirn des Geistersehers: daß von außen ein Sterbender solche erregen könne, hat häufige Erfahrung bezeugt; daß ein Lebender es könne ist ebenfalls, in mehreren Fällen, von guter Hand beglaubigt worden: die Frage ist blos, ob auch ein Gestorbener es könne.

Zuletzt könnte man, bei Erklärung der Geisererscheinungen, auch noch darauf provociren, daß der Unterschied zwischen den ehemals gelebt Habenden und den jetzt Lebenden kein absoluter ist, sondern in beiden der eine und selbe Wille zum Leben erscheint; wodurch ein Lebender, zurückgreifend, Reminiscenzen zu Tage fördern könnte, welche sich als Mittheilungen eines Verstorbenen darstellen.

Wenn es mir, durch alle diese Betrachtungen gelungen sein sollte, auch nur ein schwaches Licht auf eine sehr wichtige und interessante Sache zu werfen, hinsichtlich welcher, seit Jahrtausenden, zwei Parteien einander gegenüberstehn, davon die eine beharrlich versichert "es ist!" während die andere hartnäckig wiederholt "es kann nicht seyn;" so habe ich Alles erreicht was ich mir davon versprechen und der Leser billigerweise erwarten durfte.

Über tredition

Eigenes Buch veröffentlichen

tredition wurde 2006 in Hamburg gegründet und hat seither mehrere tausend Buchtitel veröffentlicht. Autoren veröffentlichen in wenigen leichten Schritten gedruckte Bücher, e-Books und audio-Books. tredition hat das Ziel, die beste und fairste Veröffentlichungsmöglichkeit für Autoren zu bieten.

tredition wurde mit der Erkenntnis gegründet, dass nur etwa jedes 200. bei Verlagen eingereichte Manuskript veröffentlicht wird. Dabei hat jedes Buch seinen Markt, also seine Leser. tredition sorgt dafür, dass für jedes Buch die Leserschaft auch erreicht wird.

Im einzigartigen Literatur-Netzwerk von tredition bieten zahlreiche Literatur-Partner (das sind Lektoren, Übersetzer, Hörbuchsprecher und Illustratoren) ihre Dienstleistung an, um Manuskripte zu verbessern oder die Vielfalt zu erhöhen. Autoren vereinbaren direkt mit den Literatur-Partnern die Konditionen ihrer Zusammenarbeit und partizipieren gemeinsam am Erfolg des Buches.

Das gesamte Verlagsprogramm von tredition ist bei allen stationären Buchhandlungen und Online-Buchhändlern wie z. B. Amazon erhältlich. e-Books stehen bei den führenden Online-Portalen (z. B. iBookstore von Apple oder Kindle von Amazon) zum Verkauf.

Einfach leicht ein Buch veröffentlichen: **www.tredition.de**

Eigene Buchreihe oder eigenen Verlag gründen

Seit 2009 bietet tredition sein Verlagskonzept auch als sogenanntes "White-Label" an. Das bedeutet, dass andere Unternehmen, Institutionen und Personen risikofrei und unkompliziert selbst zum Herausgeber von Büchern und Buchreihen unter eigener Marke werden können. tredition übernimmt dabei das komplette Herstellungs- und Distributionsrisiko.

Zahlreiche Zeitschriften-, Zeitungs- und Buchverlage, Universitäten, Forschungseinrichtungen u.v.m. nutzen diese Dienstleistung von tredition, um unter eigener Marke ohne Risiko Bücher zu verlegen.

Alle Informationen im Internet: **www.tredition.de/fuer-verlage**

tredition wurde mit mehreren Innovationspreisen ausgezeichnet, u. a. mit dem Webfuture Award und dem Innovationspreis der Buch Digitale.

tredition ist Mitglied im Börsenverein des Deutschen Buchhandels.

Dieses Werk elektronisch lesen

Dieses Werk ist Teil der Gutenberg-DE Edition DVD. Diese enthält das komplette Archiv des Projekt Gutenberg-DE. Die DVD ist im Internet erhältlich auf **http://gutenbergshop.abc.de**

Zeitfracht Medien GmbH
Ferdinand-Jühlke-Straße 7
99095 Erfurt, Deutschland
produktsicherheit@kolibri360.de